KB263641

철학이 삶을 구할 수 있다면

인생의
위태로운
순간을 위한
삶의 기술

철학이 삶을 구할 수 있다면

톰 모리스 지음
이주만 옮김

중앙books
JoongAng Ilbo

차례

I 영혼의 치료사, 세네카

추월차선을 달리고 싶은 인생을 위한 변호사의 조언

나는 오랜 세월 스토아 철학자들의 글을 탐독했고 그들의 사상이 현대인의 삶에 어떻게 적용되는지에 대해 짧은 에세이를 꾸준히 써왔다. 이 에세이 중에는 내가 철학자로서 강연을 나갔던 여러 기업의 임원들에게 발송된 것도 있고, 내 웹사이트(www.MorrisInstitute.com)에 게시된 것도 있다. 이 책을 빌어 여러 해 동안 웹사이트를 방문해 이 에세이에 대해 일반적 관점에서 혹은 전문가적 관점에서 의견을 제공했던 모든 친구들과 방문객들에게 감사의 말을 전하고 싶다. 나는 이 작은 책을 읽는 모든 독자에게 언제든 내 웹사이트를 방문해 좀 더 철학적인 교류를 나누기를 요청하는 바다.

이 책 집필을 비롯한 모든 일에서 나를 격려하고 응원해준 내 아내와 자녀들 ― 메리, 사라, 매트 ― 에게 다시 한 번 감사한다. 이 든든한 후원자들과 더불어 우리 집의 개 세 마리 ― 베일리, 데이지, 렉시 ― 덕분에 나는 균형 잡힌 삶을 살며 인생의 재미를 느끼고 있다.

위대한 사상가들의 지혜를 사람들이 일상 속에 적용할 수 있
도록 돕는 일에 나의 조력자가 되어준 워싱턴 스피커스 뷰로
(Washington Speakers Bureau, 강연 서비스를 제공하는 단체임/옮긴이)에 소속된
내 친구들에게 이 책을 헌정하고 싶다.

톰 모리스

거짓된 인생철학에 속지 않기 위해

적지 않은 세월을 살며 주의 깊게 삶을 관찰한 사람이라면 이 세상에서 원하는 외적인 성과를 얻는 비결은 내면의 회복 탄력성에 있다는 심오한 진리를 깨달았을지도 모르겠다. 회복 탄력성이란 밑바닥까지 떨어져도 꿋꿋하게 되튀어 오르는 능력을 일컫는다. 어려운 시대를 살아가려면 어떤 상황에서도 무너지지 않는 불굴의 정신과 내면의 힘이 필요하다. 그리고 나는 철학자로서 인류가 살아온 거의 모든 시대가 어찌 보면 어려운 시대였다고 생각한다.

상황이 정말로 안 좋을 때에는 자기 신념을 지키기가 무척 어렵다. 상황이 아주 좋을 때에는 냉정을 유지하기가 어렵다. 비극적 상황에서는 희망을 품기가 어렵고, 승승장구하고 있을 때에는 겸손하기가 어렵다. 두 경우 모두 인생에 관해 타당한 관점을 유지하기가 쉽지 않다. 하지만 상황이 그리 좋지도 않고 그리 나쁘지도 않은 순탄한 시간이 때로 너무 길게 이어질 때도 앞으로 닥칠지 모르는 희극과 비극에 대비하기 어려운 경우가 많다.

어쩔 수 없이 인생의 풍파를 겪을 때 가장 힘든 일 중 하나가 현명한 관점에서 상황을 해석하고 그 관점을 유지하는 것이다. 인생은 때로 거칠게 오르내리는 롤러코스터와 비슷하다. 기나긴 시간을 힘겹게 노력한 끝에 신이 날 정도로 높이 올라가지만 곧이어 바닥으로 곤두박질칠 때가 온다. 별안간 어두운 심연 속으로 추락하는 자신을 발견하고 우리는 두려움을 느끼며 통제력을 잃는다.

삶이 우리를 완전히 내동댕이치듯 위협할 때 우리는 어떻게 균형 잡힌 관점을 유지할 수 있을까? 한 치 앞도 내다볼 수 없는 세상에서 우리는 어떻게 재능과 힘을 최대한 활용할 수 있을까? 한 걸음 내디딜 때마다 언제 폭탄이 터질지 모를 지뢰밭을 지나는 듯 불안한 상황에서도 지속적으로 성공을 거두고 오래도록 행복을 유지할 수 있는 방법은 없을까?

스토아학파로 알려진 고대 철학자들은 이런 문제에 대해 매우 효과적인 해답을 알고 있었다. 특히 로마의 황금기에 살았던 세 명의 철학자는 내면의 회복 탄력성이 개인의 능력을 향상시키는 비결이라고 생각했고, 대다수가 놓치고 있지만 평정심이야말로 우리를 행복으로 인도하는 연결고리라고 여겼다. 특히 자아를 제어하고 감정을 절제하는 고결한 태도를 통해 자기 안의 자원을 온전히 활용하며 삶에 주어진 보상을 만끽할 수 있는 힘을

얻는다고 생각했다. 이 스토아 철학자들은 우리에게 무엇이 필
요한지를 알았고, 그것을 삶에서 발견하는 법에 대해 매우 효과
적인 조언을 우리에게 남겼다.

서기 1~2세기의 로마제국 그것도 각기 다른 시간, 각기 다른
장소에 살았던 몇몇 사상가가 삶에 관해 성찰한 지혜로운 말들
이 오늘날에도 현대인들에게 깊은 반향을 일으키며 적절하게 적
용되는 것을 바라보는 일은 정말이지 놀라운 경험이다. 사실 인
간의 본성은 전혀 변하지 않았다. 우리에게 필요한 삶의 지혜도
예전과 다름없다.

육체보다 더 중요한 것이 영혼이고, 외관보다 더 중요한 것이
내면이고, 진정한 성공과 개인의 성취를 가능케 하는 궁극적인
원천은 바로 우리의 인격이다. 우리가 삶에서 통제할 수 있는 것
은 무엇인지, 또 무엇이 우리를 자주 통제하고 있는지 파악해야
한다. 그래서 진짜로 중요한 문제에 관심을 집중하고, 거짓된 인
생철학에 예속된 상태에서 자신을 해방시키고, 자신은 물론 남
들을 위해 선한 일을 하는 데 중점을 두어야 한다.

이 단순하면서도 강력한 스토아 철학의 논제는 우리 삶을 바꿔
놓을 수 있다. 스토아학파의 가르침은 가치 있는 일을 성취하는 방
향으로 우리를 안내하며, 삶을 온전하고 타당하게 살았을 때라야
얻을 수 있는 진정한 행복에 우리가 도달할 수 있도록 도움을 준다.

가장 대중적이고 영향력이 컸던 스토아 철학자들은 실용적인 사상가들이었다. 에픽테토스는 노예였다. 세네카는 법조인이었다. 마르쿠스 아우렐리우스는 로마의 황제였다. 사회 밑바닥과 중간 계층과 최고의 자리에서 이들 세 명의 고대 사상가는 삶을 깊이 성찰했다. 현실밀착형 철학자였기에 이들은 누구보다 인생을 살아가는 방법에 대해 훌륭한 조언을 제공할 수 있었다.

에픽테토스는 그보다 훨씬 앞서 살았던 소크라테스처럼 직접 글을 남기지는 않았다. 그는 인생을 이해하려는 열심熱心을 품은 사람들과 대화를 나눴다. 그리고 그의 제자들 가운데 한 명이 그가 전한 지혜의 말을 기록했다. 에픽테토스와 달리 세네카는 많은 글을 남겼다. 하지만 세네카가 남긴 삼언은 개인직인 서신과 친구들을 훈계하거나 격려하려고 작성한 짧은 산문이 대부분이다. 마르쿠스 아우렐리우스 황제는 순전히 개인적인 목적으로 삶을 성찰한 기록을 남겼다. 이들 위대한 스토아 철학자 중에 수많은 독자를 위해 개인의 성장을 도모하는 자기계발 서적을 집필한 사람은 아무도 없다. 하지만 그들이 남긴 글이나 대화, 그리고 형태는 아주 다르지만 그 뿌리는 일맥상통했던 그들의 인생 경험에서 우리는 고결하고 창의적인 삶을 살아가기 위한 통찰을 많이 얻을 수 있다.

보잘것없지만 이 책에서 내가 성취하려는 목표는 요즈음 수많은 사람의 관심을 부쩍 끌고 있는 인생 고민과 관련해 이들 철학자가 언급한 지혜의 정수를 제공하는 것이다. 이 혼란스러운 변화의 소용돌이 속에서 성공적으로 살려면 무엇이 필요한가? 인격이나 미덕은 사적인 영역이나 공적인 영역에서 행복감과 성취감을 얻는 데 무슨 역할을 하는가? 살면서 어쩔 수 없이 직면하는 어려움과 고통을 어떻게 다뤄야 하는가? 또 어떻게 하면 성공적으로 극복할 수 있는가?

이 책은 학술 서적이 아니며, 스토아 철학의 기원과 이 철학이 수세기에 걸쳐 끼친 영향력을 종합적으로 혹은 주제별로 탐구하는 책도 아니다. 나는 단지 오늘날의 삶에도 적용할 수 있는 스토아적 지혜가 담긴 풍부한 조언들을 그러모았을 뿐이다. 여기에는 거창한 정치철학도 없고, 우주론적 질문에 답하려는 시도도 없다. 나는 현재 우리에게 스토아 철학의 실용적인 조언이 절실하다고 보고, 이들 철학자의 통찰 가운데 유익하고 적절한 것을 한곳에 모아 그 지혜가 좋은 삶을 사는 데 얼마나 효과적인지 설명하고자 했다.

스토아 철학자들은 무에서 유를 창조한 것이 아니다. 그들은 수많은 철학자의 작품에서 영향을 받았다. 하지만 그들은 선배들의 가르침을 직접 실천함으로써 삶을 이해하려고 노력한 사람들이다. 그러므로 그들을 본보기로 삼는다면 어떻게 삶을 살아야 할지 알 수 있다. 철학은 모든 사려 깊은 사람들이 추구하는 활동이다. 철학은 사색하기를 특별히 좋아하는 소수의 고대 지성인에게만 허락된 활동이 아니다. 철학은 과거의 대가들을 모셔놓은 먼지 쌓인 박물관과는 다르다. 철학은 지혜를 알고, 이해하고, 결국에는 지혜를 실천하기를 열렬하게 추구하는 활동이다.

인생을 잘 살아가기 위한 지혜

세네카는 그의 서신 중 하나에서 철학 활동의 의미를 간단하게 정의했다. 그는 이렇게 말했다.

지혜는 인간 정신이 지닌 완벽한 선이다. 철학은 지혜를 사랑하고, 그것을 얻으려고 노력하는 행위다.

세네카는 지혜를 숭상하는 이유를 설명하는 다른 대화에서 철학을 간단히 '삶의 기술'이라고 표현했다. 그리고 철학이 맡은 임무를 다음과 같이 요약했다.

철학이 인류에게 무엇을 제공하는지 진정 알고 싶은가? 철학은 우리에게 조언을 제공한다.

우리가 이 책에서 찾고 얻으려 하는 것이 바로 이러한 통찰이며 삶을 위한 현명한 조언이다.

세네카에게 고대 철학자들의 지혜로운 말을 경청하는 일은 삶의 필요를 채우는 지극히 실용적인 행위였다. 철학은 지적인 계몽을 위한 것만이 아니라 인생을 잘 살아가기 위해 항상 도움을 청하는 대상이었다. 그는 이렇게 설명한다.

우리가 아주 배은망덕한 사람들이 아닌 한, 숭고한 사상을 처음으로 생각해낸 이 영광스러운 사람들은 우리를 위해 태어났다. 그들은 우리를 위해 살아갈 방도를 준비해두었다.

우리가 올바른 태도로 훌륭한 사상가들의 저작들에 접근한다면 늘 배우고 성장할 수 있다는 것이 세네카의 지론이었다.

철학자와 더불어 공부하는 자는 날마다 한 가지 선한 것을 얻어 집으로 돌아가야 한다. 그가 집에 돌아왔을 때에는 좀 더 건강한 사람, 그게 아니라면 좀 더 건강한 사람이 되어가는 과정에 있어야 한다.

철학은 우리에게 좋은 조언을 제공한다. 철학은 우리의 앞길을 비추고 우리 삶을 바꾸어놓을 수 있다. 철학에 담긴 지혜를 적용함으로써 우리는 더욱 건전하고, 더욱 강하고, 더욱 행복한 사람이 될 수 있다.

평생 우리가 걸어야 할 길

우리가 앞으로 만날 세 명의 철학자 가운데 두 사람의 관점에는 근본적으로 유사한 점이 있음을 미리 언급해두어야겠다. 뛰어난 법조인이며 정계에서 고위직에 있었던 세네카의 글과 마르쿠스 아우렐리우스 황제의 삶에 대한 성찰을 읽으면서 나는 성공한 삶에 관한 조언에 일정한 방점이 있고, 이는 나양한 문화와 다양한 시대의 여러 위대한 사상가의 저작들과도 일치한다는 사실을 발견했다. 이 두 사람의 관점은 각기 독특한 면이 있고, 스토아 철학만의 주제도 빠뜨리지 않지만, 한편으로는 동서고금의 수많은 철학자가 제시하는 몇몇 중요한 통찰을 보강하고 강조한다. 내가 보기에 이는 두 사람이 전한 지혜가 보편성을 띠고 있으며, 성공한 삶을 위해 제시한 그들의 원칙이 만국공통임을 입증하는 것이다.

세네카와 마르쿠스 아우렐리우스는 우리가 세운 삶의 목표들
이 자기 이해에 근거한 것이어야 하고, 선한 것을 구별할 줄 아는
감각의 인도를 받은 것이어야 하며, 우리가 기울이는 모든 노력
이 큰 그림 안에서 보면 숭고한 목표에 부합해야 한다는 점을 분
명히 밝힌다. 이 두 사람은 우리가 괴로울 때와 즐거울 때 어떻게
행동해야 하는지 그 방향을 결정하는 데 도움이 되는 건전한 조
언을 우리에게 제공한다. 우리는 이 책에서 사회적으로 크나큰
성취를 거둔 스토아 철학의 두 스승이 성공하는 삶에 관해 들려
주는 이야기를 주로 살펴볼 것이다.

　에픽테토스는 이 두 사람과는 배경이 완전히 다른 사람이다.
그는 동료 스토아 철학자들과 기본 관점은 비슷하지만 인생을 깊
이 성찰하기에 특히 유리한 위치에 서 있었다. 한때 노예로 살았
고, 이후 자유인으로서 철학 교사가 되었으며, 서기 89년에 도미
티아누스 황제가 철학자들을 모두 추방했을 당시 로마에서 함께
추방당했다. 그는 해안 지방으로 거처를 옮겨 누구든 지혜를 얻
기 위해 그를 찾는 사람들과 함께 대화를 나눴다. 에픽테토스는
검소하게 살며 우리가 삶에서 자주 직면하는 예기치 못한 비극
에 관해 깊이 성찰했다. 이 책에서 우리는 자유, 인격, 내면의 힘,
태도의 힘에 대한 에픽테토스의 관점을 주로 살필 예정이다. 세
상 사람들이 뭐라고 떠들든 좋은 삶을 사는 데 필요한 것은 이 세

상에 거의 없다는 사실을 에픽테토스는 깨달았다. 진짜로 필요한 것은 우리 내면에 있었다. 이 책에서 탐구할 주제도 다름이 아니라 참된 의미에서 좋은 삶을 사는 데 꼭 필요한 내면의 본질이다.

이 책을 집필하면서 나는 다양한 자료를 살폈다. 여러 번역본을 참조했고 그리스어와 라틴어의 본래 의미를 드러내려고 번역된 글을 일부 수정하기도 했다. 독자의 편의를 위해 본문에 등장하는 인용문들의 출처를 1, 2, 3부의 도입부에 각각 밝혀 두었다. 추가로 읽을 만한 책으로는 모시스 하다스^{Moses Hadas}가 번역한 노턴^{Norton} 출판사의 《세네카의 스토아 철학^{The Stoic Philosophy of Seneca}》과 1993년에 에이본 북스^{Avon Books}에서 발행한 조지 롱의 《마르쿠스 아우렐리우스의 명상록^{The Meditations of Marcus Aurelius}》이 있으며, 또 2002년에 모던 라이브러리^{Modern Library}에서 발행한 그레고리 헤이스^{Gregory Hays}의 《명상록^{Meditations}》과 역시 2002년에 스크리브너^{Scribner}에서 발행한 C. 스콧 힉스^{C. Scott Hicks}와 데이비드 V. 힉스^{David V. Hicks}의 《황제의 지침서^{The Emperor's Handbook}》가 있다.

† 일러두기
1부 세네카 편에 등장하는 인용문은 하버드 대학 출판사에서 발행한 로브 고전총서 세네카 편The Loeb Classical Library Volumes of Seneca에서 리처드 구메어Richard Gummere가 번역한《도덕에 관한 서한Epistulae Morales》I권, II권, III권과 J. W. 바소리J. W. Basore가 번역한《도덕론Moral Essays》I권, II권, 그리고 리처드 구메어가 번역한《서한문Epistles》66-99편에서 발췌하였다.

I

영혼의 치료사, 세네카

The Wisdom of Seneca

추월차선을 달리고 싶은 인생을 위한
법률가의 소언

철학이 있는 사람만이 가질 수 있는 것

The Wisdom of
Seneca

스토아 철학자 세네카는 서기 1세기에 오랜 세월 권력과 부를 누리다가 네로 황제의 명으로 스스로 목숨을 끊은 사람이다. 세네카는 인생이라는 긴 여정 속에서 꿈을 좇는 사람들에게 어떻게 해야 불행을 피하고 성공할 수 있는지에 대해 귀중한 조언을 많이 남겼다.

루키우스 안나이우스 세네카(Lucius Annaeus Seneca, B.C. 4년경 ~ A.D. 65년)는 남다른 통찰력으로 서기 1세기를 선도했던 법조인이자 정치가이며 또 철학자이자 극작가였다. 로마제국의 히스파니아 지방(현재의 스페인)에서 태어난 세네카는 일찌감치 수도인 로마로 옮겨가 교육을 받았고 정치가로 활동하게 된다. 대중의 마음을 사로잡는 유려한 필력과 웅변술로 영향력을 떨치던 세네카는 칼리굴라 황제의 시기를 받아 처형당할 뻔했다가 가까스로 살아나기도 했다. 이후 세네카는 어린 네로의 스승이 되어 네로의 기질과 몹쓸 언행을 어느 정도 제약하는 역할을 맡았다.

세네카는 본인이 주장한 확고한 도덕 기준에 걸맞은 삶을 살지 못했다는 비난을 받곤 하는데, 그가 표명한 원칙들을 근본적으로 배척하는 로마 제정에서 크나큰 부를 쌓으며 살았다는 것이 그 이유다. 이 같은 혐의는 자세히 살펴보면 부당해 보인다. 세네카 주변의 많은 이가 그의 도덕철학에 영향을 받아 절제하는 삶을 미덕으로 여겼다는 점에는 이견의 여지가 없기 때문이다. 네로의 악행이 극심해지자 세네카는 공직에서 물러났으며 재산을 황제에게 헌납하려고 했다. 네로 황제가 자결을 명했을 때에도, 과거에 소크라테스가 그랬듯이 세네카는 그 명령을 의연하게 받아들였다. 그는 스스로 목숨을 끊음으로써 죽음은 두려워할 일이 아니라는 자신의 철학적 견해와 일치하는 태도로 죽음이라는 마지막 관문을 통과했다.

세네카는 자신을 다른 무엇보다도 철학자로 여겼다. 그는 인생을 깊이 성찰하며 어떻게 사는 것이 잘 사는 것인지를 탐구하는 데 정력을 쏟았다. 그가 남긴 편지와 산문을 보면 이 같은 통찰이 담긴 주옥같은 잠언을 자주 접할 수 있는데, 여기에는 삶에 대한 우리의 인식을 재고하는 힘이 있다. 일례로 우리 인생이 왜 짧은지에 대해서 성찰한 에세이에서 세네카는 이렇게 말한다.

> 진짜 문제는 인생이 짧다는 것이 아니고 우리가 인생의 수많은 날을 허투루 쓰고 있다는 것이다. 인생은 결코 짧지 않으며, 우리에게 주어진 시간을 제대로 쓴다면 위대한 꿈을 이룰 수 있는 넉넉한 시간이다.

우리 영혼을 살찌우는 조언자였던 세네카는 수많은 편지와 산문을 써서 자신의 친구들과 또 자손들이 무엇보다도 그들에게 주어진 인생을 값지게 활용하도록 돕고자 했다. 세네카는 사람들이 쓸데없는 일에 인생을 허비하지 않고 삶에서 가장 중요한 가치를 찾아 나가도록 힘썼다.

세네카는 자신의 풍부한 경험을 토대로 조언하기를, 이를 위해서는 정식 교육을 마친 이후로도 평생에 걸쳐 부단히 정신을 단련해야 할 것이며 다른 수단보다도 철학의 힘으로 우리의 지성을 키워야 한다고 강조했다. 세네카의 말을 들어보자.

> 인간의 정신은 힘을 쓰지 않고는 키울 수가 없는 것이므로 우리는 낮이나 밤이나 정신 단련에 힘써야 한다. 정신 단련을 하는

데는 추위나 더위는 물론, 고령의 나이도 전혀 제약을 주지 않는다.

철학의 역할을 신봉했던 세네카는 철학이라는 학문을 바로 아래와 같이 설명했다.

…… 이 학문은 인간이 역경을 극복하고 풍요로운 삶을 사는 데 도움이 되는 가장 훌륭한 도구이며, 동시에 가장 큰 위안거리이자 인간의 위대함을 드러내주는 가장 훌륭한 장식품이다.

세네카에 따르면, 철학이야말로 우리가 삶의 기술을 배울 수 있는 가장 깊이 있고 적합한 학문이다.

세네카는 이 탁월한 지적 활동을 우리에게 권하고 그 본질을 논한 글에서 아래와 같이 상술한다.

철학이란 대중의 마음을 사로잡기 위한 수단이 아니며 대중 집회를 위한 도구도 아니다. 철학은 수사적 표현이 아닌 사실을 다루는 학문이다. 오늘 하루가 다하기 전에 어떤 재미를 얻으려고 또는 쉬는 동안 지루함을 달래려고 철학을 찾아서는 안 된다. 철학은 우리 인격을 형성하고 기른다. 철학은 우리에게 삶의 방향을 지시한다. 마땅히 해야 할 일과 하지 말아야 할 일을 제시함으로써 우리 행동을 안내한다. 불확실한 상황에 처해 우리가 흔들릴 때마다 철학은 중심을 잡고 나아갈 방향을 가리킨다. 철학이 있는 사람만이 평정한 마음으로 두려움 없이 인생을 살아갈 수 있다. 날마다 벌어지는 수많은 일을 해결하려면 조언이 필요하고, 우리는 이 조언들을 철학에서 찾아야 한다.

철학이 인간의 삶에 미치는 특별한 능력을 강조하려는 듯 세네카는 다음과 같이 목소리를 높이기도 했다.

플라톤은 고귀한 인간으로서 철학을 만난 것이 아니라 철학을 알고 나서 고귀한 인간이 된 것이다.

올바른 철학은 모든 사람에게 이와 동일한 영향을 미친다는 것이 세네카의 변치 않는 지론이었다.

인생 전체를 바로잡고 싶은 이에게

The Wisdom of
Seneca

세네카처럼 실용주의를 중시하는 사람이 이토록 극찬하며 강력히 권하는 철학이라는 활동은 정확히 어떤 것일까? 철학이 우리에게 무슨 이익을 가져다준다는 것일까? 세네카와 같은 사상가에게 철학은 매우 실용적인 도구다. 철학은 분명 체계적인 이론 위에 세워진 학문이지만 궁극적으로 철학이 추구하는 목적은 우리를 일깨워 자신에게 어울리는 합당한 목표를 달성하고 편안한 삶을 영위하도록 하는 데 있다. 철학자는 영혼을 치유하는 의사로서, 그들은 우리가 정신적으로 건강하고 행복하기를 바라는 마음에서 조언을 아끼지 않는다.

철학은 물리학과 마찬가지로 우리와 관련 있는 근본적 실체를 파악하려는 학문이다. 물리학은 우리가 흔히 경험하는 영역 밖에서 벌어지는 경이로운 소식을 기술적 용어로 전하는 데 비해, 인간 본성을 다루는 철학은 바로 우리 눈앞에 놓인 것, 혹은 지각 능력이 있는 사람들의 경우 마음속에 있는 것들을 새롭게 인식하도록 깨우친다.

더 나아가 철학의 참모습은 '잘 차려입은 상식'이라고 말하는 이들도 있다. 유명한 고대 그리스 철학자인 소크라테스는 자신을 가리켜 지혜의 산파라고 입버릇처럼 말했는데, 이는 사람들이 이미 알고 있는 사실을 자각할 수 있도록 돕는 것이 자신의 역할이라는 뜻이다. 성공하는 삶에 대한 세네카의 철학적 조언을 듣고 있노라면 우리가 살면서 한 번쯤은 떠올렸던 생각이거나 어찌 보면 이미 다 아는 내용을 명징하고 인상적으로 표현해 놓았다는 느낌을 자주 받는다. 그렇다면 사람들이 이미 아는 사실을 무엇하러 얘기하는가 하는 의문이 들기 마련이다.

세네카는 이 의문에 명쾌한 답변을 들려준다.

> 사람들은 이런 말을 한다. "남들이 다 아는 사실을 조언하는 게 무슨 소용이 있는가?" 하지만 이런 조언은 무척 유익하다. 왜냐하면 때로 우리는 어떤 사실을 알고 있어도 관심을 두지 않기

때문이다. 조언을 주는 것은 교육하는 것과는 다르다. 조언은 단지 우리 주의를 환기시키고 의식을 일깨워 우리가 기억에 집중하고, 그것을 망각하지 않도록 하는 데 그 목적이 있다. 우리가 수시로 조언을 듣지 않는다면 눈앞에 두고도 놓치는 것들이 많다. 조언은 이미 알고 있는 사실을 실천하도록 타이르고 권하는 것이다.

스포츠계 유명 인사인 전 시카고 불스 농구팀 감독이자 전 로스앤젤레스 레이커스 감독이었던 필 잭슨Phil Jackson은《NBA 신화Sacred Hoops》라는 뛰어난 자서전에서 철학이 주는 통찰력에 관해 말하면서 매사에 정신을 집중하는 것이 얼마나 중요한지를 거듭 강조했다. 세계 주요 종교에서도 예외 없이 정신을 집중하는 법을 중요하게 다루고 있다. 그러므로 세네카처럼 혜안이 있는 철학자가 철학의 힘을 논하면서 주의 집중을 특히 중요시하는 것은 당연한 일이다. 너무 익숙한 탓에 우리가 자주 망각하는 가치에 주의를 집중하게 하고, 우리가 따라야 할 중요한 진리들을 상기시키고 그것들을 실행에 옮기도록 자극하는 것이야말로 참된 철학의 역할이다. 세네카는 계속해서 이렇게 말한다.

우리에게 유익한 사실이라면 그 무엇이든 자주 논의하고 상기시켜야 거기에 익숙해질 뿐 아니라 언제든 활용할 수 있다. 이렇게 해서 분명한 사실을 더욱 명징하게 이해하게 된다는 점을 명심해야 한다.

세네카는 번영과 성공하는 삶에 관해 깊이 성찰했으며, 그의 사상은 행복과 멋진 인생에 대한 탁월한 현대적 사유와 일부 상통하는 점이 있다. 세네카의 잠언에는 참된 성공에 대해 어쩌면 우리가 이미 알고 있는 사실을 한층 뼈저리게 깨닫게 하는 힘이 있다. 그의 글을 읽노라면 확실한 사실이 더 한층 명쾌하게 이해되고, 말로 표현하지 못했던 깨달음이 일순간 의식에서 또렷해지는 경험을 하게 된다. 세네카가 우리에게 주는 조언은 인생의 길라잡이로서 논리적으로 긴밀하게 연계되어 있으며, 혼란한 시절을 살아가는 사람 누구에게나 무척 유용한 내용을 담고 있다.

좋은 조언이 일반적으로 어떤 역할을 하는지를 깊이 성찰했던 세네카는 이렇게 말했다.

우리 영혼에는 고귀함을 품은 씨앗이 있고, 작은 불씨가 미풍을 만나 불꽃을 피우듯이, 이 씨앗은 올바른 조언을 만나면 싹을 틔우고 성장한다. 그런 조언을 듣고 감동을 받거나 충격을 받을 때 인간은 미덕을 좇게 된다. 더욱이 우리 내면에 잠들어 있는 어떤 미덕은 그것이 말이 되어 나오는 순간, 그 즉시 깨어나 힘을 발휘하기도 한다. 정신을 단련하지 않은 사람의 경우, 재료가 있어도 여기저기 산만하게 흩어져 있어 그것들을 제대로 꿰어 쓰지 못한다. 재료들을 한데 모아 일관되게 연결해야 우리 영혼을 훨씬 강력하게 고양시킬 수 있다.

인간의 정신은 좋은 옷들이 가득하지만 뒤죽박죽 흐트러져 있는 커다란 옷장 같을 때가 많아서 안에 무엇이 있는지 쉽게 잊어버리곤 한다. 물건을 찾지 못하거나 아니면 물건이 있는지조차 기억하지 못하면 당연히 그 물건은 사용할 수가 없다. 물건이 너무 뒤죽박죽이면 대개는 정리할 생각도 못한다. 세네카 같은 철학자는 말하자면, 생각을 정리하는 달인으로서 그가 제시한 조언을 들으면 우리가 여태껏 살면서 배운 것들을 분명하게 인식하고, 평가하고, 정리하고, 활용할 수 있다. 세네카는 우리가 이미 알고 있는 사실을 최대한 활용할 수 있도록 우리를 인도하며, 그 과정에서 우리는 더 많은 지혜를 깨닫게 된다.

세네카의 조언이 강력한 이유는 보편적으로 적용할 수 있을 뿐 아니라 우리 의욕을 불러일으켜 실천을 유도하는 힘이 있고, 자발적으로 세상을 향해 나아가도록 우리를 이끌기 때문이다. 또한 성공하는 인생을 살기 위해 그동안 우리가 익힌 다양한 정보와 습관들을 하나의 큰 틀에서 이해하게 해주며, 만족스러운 삶을 달성하기 위해 무엇이 필요한지 지속 가능한 관점에서 참신한 답을 제공한다. 철학은 우리에게 삶의 잠언을 제공할 뿐 아니라 궁극적으로는 이를 삶에 적용할 수 있는 방법을 알려주는 것이 그 목표라고 세네카는 강조한다. 어떤 잠언이든 그 말을 제대로 적용하려면 올바른 관점이 뒷받침되어야 한다. 참된 철학이라면 인생이라는 큰 그림을 올바로 이해하는 틀을 제공해야 한다는 입장이었던 세네카는 언제나 우리에게 그런 틀 안에서 삶의 면면에 적용되는 잠언을 들려주고자 애썼다. 그의 말을 들어보자.

> 인생 전체를 바로잡고 싶은 이에게 세부 사항에 관해 조언을 하는 것만으로는 부족하다.

세네카는 삶의 면면을 세부적으로 다룰 뿐 아니라 큰 틀에서 인생을 성찰할 수 있도록 돕는다. 우리에게 세네카는 기나긴 여정을 지나면서 우리가 참된 열매를 맺을 수 있도록 진리를 제공하는 철학자이기도 하지만 특정한 맥락에 적용되는 정보나 기법을 제공하는 심리학자이기도 하다. 그는 우리가 삶에 대한 철학적 식견을 갖추도록 영감을 주고 싶어 했고, 우리 안에 잠재해 있는 미덕이나 장점을 끌어내 인생의 난관을 헤쳐 나갈 수 있도록 돕고 싶어 했다. 그리고 우리에게 이로운 지식이라면 배움에 그치지 말고 행동으로 옮겨야 한다고 말한다.

미덕을 갖추려면 교육도 중요하지만 실천도 중요하다. 우선 배워야 하고, 그 후에는 배운 것을 실천에 옮겨 강화해야 한다.

세네카는 자신이 건네는 조언대로 실천하며 살기가 만만치 않다는 사실을 알고 있었고, 그래서 자신이 조언을 할 때면 우리 같은 평범한 이들을 염두에 둔다는 점을 아래와 같이 강조한다.

거듭 강조하건대, 내가 지금 하는 얘기는 모든 규범을 즐겁게 받아들이고, 자기를 온전히 통제하고, 어떤 규범이든 마음먹은 대로 자기에게 적용하고 또 스스로 부여한 규범을 늘 준수하는 이상적인 현자를 대상으로 한 것이 아니라, 올바른 길을 가고 싶어 하면서도 규범을 지키고 싶지 않을 때가 많은 불완전하고 평범한 인간을 대상으로 하는 말이다.

만약 우리가 행복하게 잘 살고 싶다면 세네카야말로 딱 맞는 스승이다. 세상을 살다 보면 수많은 문제를 만나고 위기에 처하기 마련인데 세네카는 그 위기에서 우리를 건져줄 변호사다. 그의 조언을 귀담아 듣고 실천에 옮긴다면 우리는 스스로를 통제하면서 모든 일에 최선을 다하면서 또 거기에 만족할 수 있을 것이다.

어떤 목표는 애쓸 가치도 없다

The Wisdom of
Seneca

막연하게 미래를 꿈꾸며 안개 속을 걸어가느라 넘어지는 사람들이 너무 많아 보인다. 그런데도 속도를 늦추지 않는 것을 보면 참 이상한 일이다. 이 세상에는 자신이 도대체 어디로 가는지 알지도 못하면서 엄청난 속도로 질주하는 사람들이 가득하다. 사람들이 공통적으로 어떤 경험을 하는지 그 속성을 파악한 세네카는 다음과 같이 지적한다.

사람들은 무엇이 자신에게 상처를 주는지 혹은 무엇이 도움을 주는지 알지 못한다. 그런 까닭에 살아가는 내내 어리석은 실수를 하면서도 결코 멈추지도 않고 조심하지도 않는다. 하지만 캄

캄한 어둠 속에서 내달리는 일이 얼마나 어리석은 짓인지는 누
구라도 알 수 있다. 사람들은 목표점을 알지도 못하면서 저 앞
에서 누군가에게 소환을 당한 것처럼 가던 방향대로 가능한 한
빨리 내달리고 있다.

자신에게 맞는 삶의 목표를 분명하게 설정하지 못하고 시류
에 휩쓸려 남들이 하는 대로 따라갔을 때 그 결과는 그리 긍정적
이지 않을 때가 많다. 우리는 방향타도 없이 급물살에 휩쓸려 자
기가 선택하지도 않은 방향으로 떠내려가는 고무보트에 올라 탄
여행객에 지나지 않을 때가 많다. 세네카는 이렇게 말한다.

자신의 앞길을 스스로 정하지 않고 여기저기 이끌려 다니는 자
신을 발견하는 것은 수치스러운 일이다. 그런 사람은 어느 날
갑자기 사건의 소용돌이에 휘말리면 어리둥절해서 이렇게 묻
는다. "내가 어쩌다가 이런 지경이 되었지?"

양궁을 할 때는 과녁을 조준하고, 골프를 할 때는 핀을 겨냥한
다. 항해할 때는 정한 항구를 향해 나아간다. 하지만 사람들이 인
생을 살아갈 때는 이런 식으로 목적지를 정하지 않아 결국 그 대
가를 치르는 경우가 허다하다.

궁수는 눈으로 표적을 확인한 뒤에 자기 기술을 써서 정확히 과녁을 조준해야 한다. 우리가 세운 계획이 어그러지는 것은 목표가 없기 때문이다. 자신이 어느 항구로 가야 할지 모르는 사람에게는 어떤 순풍도 쓸모가 없다.

요즘 들어 비즈니스 컨설턴트와 생명보험 상담사 가운데 어떤 일이든지 "끝을 염두에 두고 시작하라"고 격려하는 이들이 많다. 세네카도 이런 말을 한다.

어떤 일을 하든 일정한 목표를 향해 나가야 한다. 언제나 목표를 염두에 두자!

만약 우리가 향하는 목적지를 제대로 알고 있다면 거기까지 나아가는 동인 일이나는 모든 시건을 목적에 맞게 최대한 활용할 수 있다. 우리 주변에는 늘 기회가 있지만 우리의 인식과 태도를 조직하는 최종 목표를 중심으로 우리의 정신을 정돈하고 노력하지 않는다면 기회가 오더라도 이를 인지하지 못할 것이며 또한 그 진가를 제대로 알아보지 못해 주변 사람들이나 자기 자신의 이익을 위해서 그 기회를 맘껏 활용하지 못한다. 세네카는 어떤 위업을 달성하든지 목표 설정이 반드시 필요한 첫 단추이며, 그 목표를 달성하기까지는 지속적인 훈련이 필요하다고 믿었다.

목표 설정만큼이나 중요한 것은 올바른 목표를 선택하는 일이다. 사람들은 엉뚱한 목표를 좇는 경우가 허다하다. 자신에게 맞지 않는 목표를 추구할 경우 불만이 생길 것은 뻔하다. 목표를 잘못 설정하면 그것을 달성해도 만족하지 못할 것이고, 달성하지 못할 경우에는 쓸데없이 실망하게 된다. 그렇다면 우리가 매일 또는 주간, 월간, 연간 목표를 올바로 설정했는지 어떻게 알 수 있을까? 세네카는 가장 중요한 목적 안에서 세부 목표들의 방향을 조정해야 한다고 제안했다.

우리가 실수를 하는 이유는 인생을 종합적으로 고려하지 않고 개별 사안에만 신경을 쓰기 때문이다.

참된 철학은 우리 인생을 종합적으로 이해하는 데 도움을 준다. 인간 본성을 이해하지 못하면 올바른 목표를 세울 수가 없다. 수많은 자기계발 전문 강사들은 수십 년간 "다른 사람들이 소망을 성취할 수 있도록 힘껏 돕는다면 당신도 원하는 것을 모두 이룰 수 있다"고 청중에게 약속했다. 내가 알기로는 현대에 이런 주장을 처음 했던 사람은 개인의 성공에 관해 윤리적 관점에서 현명하고 올바른 강의를 열정적으로 했던 지그 지글러[Zig Ziglar]다. 그런데 이 같은 주장과 그것이 표현된 방식을 세네카 같은 사람이 철학적으로 따져본다면 무어라 할까? 아마도 세네카는 우리가 살면서 우연히 소망하게 된 어떤 것이 과연 우리에게 유익한지, 또 다른 사람들이 우연히 소망하게 된 것을 그대로 우리가 따르는 것이 과연 합당한 일인지를 먼저 염려할 것이다.

다른 사람들의 소망을 자신의 것보다 중요시하고 그 소망을 만족시키려고 노력하면 결과적으로 자신의 소망도 충족될 가능성이 더 커진다는 주장은 한편으로 생각하면 도덕적으로 타당해 보이기도 한다. 하지만 다른 사람들이 원하는 것이 사실은 그들에게 유익하지 않다면, 만약 그 소망이 그들의 존재에 해를 끼친다면 어떻게 될까? 유혈과 폭력이 난무하는 영화를 만들어 돈을 잘 버는 영화 제작자가 있다고 하자. 그 사람은 동료에게 이렇게 말하면서 자신의 영화 철학을 뻔뻔스럽게 옹호할 수도 있다. "사람들이 원하는 것을 주면 자네도 원하는 것을 얻을 수 있다네." 여기서 문제는 무엇인가?

인생을 계획할 때 우리는 자신이 원하는 것뿐 아니라 다른 사람들이 원하는 것도 고려해야 하지만, 우리가 무엇을 바라야 하는지 또 인간에게 진정으로 유익한 것이 무엇인지도 고려해야 한다. 세네카는 최고선[最高善]이 무엇인지 고민한 다음에 인생의 목표를 설정하고, 무슨 일을 하든지 그 경계 안에서 자신의 목표를 추구해야 한다고 말한다.

> 우리는 최고선을 지향하되 자신이 성취할 수 있는 목표를 구체적으로 그려야 하고, 그 목표에 따라 우리의 말과 행동을 조정할 수 있어야 한다. 이는 항해사들이 특정한 별자리를 보고 항로를 조정하는 것과 같다. 이상이 없는 삶은 불안정하다. 이상을 세웠을 때 비로소 신조를 수립할 수 있게 된다.

욕망과 욕구도 좋지만 올바른 목표를 세우는 일에는 이상을 품는 것이 훨씬 더 중요하다. 욕망은 늘 우리를 올바른 길로 인도하지는 않는다. 따라서 우리는 인생에서 최고선이 무엇인지 그 개념을 수립해야 하고, 자기만의 이상도 있어야 하고, 신조도 있어야 한다. '신조doctrines'라는 말이 다소 어색할 수 있지만 이 말은 라틴어 '데크레타decreta'로서, 'decrees법령'로도 자주 번역되는 복수형 명사다. 데크레타decreta는 '~로부터'를 의미하는 전치사 'de'와 '알아차리다' '인지하다' '구분하다'를 의미하는 동사 'cernere'가 결합된 말이다.

세네카가 여기서 '신조'가 필요하다고 할 때 그 의미는 제도적이거나 교조적인 의미가 아니라, 자신의 본성에 맞는 지고한 이상을 품으려면 절대선이라고 생각하는 가치에 근거한 도덕적 원칙이 필요하다는 얘기다. 명료하고 구체적인 원칙을 세우면 가치 있는 것과 가치 없는 것을 구분하는 데 도움이 된다. 이는 결과적으로 우리가 추구해야 할 것과 그렇지 않은 것을 구분할 수 있는 지침이 된다. 세네카는 이렇게 설명한다.

> 무엇을 피해야 하고 무엇을 추구해야 하는지 알고 싶을 때마다 그것을 최고선과의 관계에서 또 우리 인생의 목적에 비춰 생각하라. 무엇을 하든지 간에 우리는 다음의 진리를 벗어날 수 없다. 즉 인생의 주목적을 먼저 정하지 않고서는 삶의 면면을 바로잡을 수 없다는 것이다.

사람들은 대체로 진짜 중요한 영역에 관해서는 충분한 교육을 받지 못한 채 성인의 세계에 뛰어들이 경력을 쌓기 시자한다. 우리가 받는 교육은 삶의 이유나 목적 같은 심오한 주제는 경시하고 여러 활동의 방법론이나 기술에 치중하는 경우가 허다하다.

> 우리 영혼은 어디에 있으며 어디를 향하는지, 우리 영혼에는 무엇이 좋은 것이고 나쁜 것인지, 무엇을 추구하고 기피해야 하는지, 또 바람직한 것과 바람직하지 않은 것을 구분하는 근거

는 무엇인지 알아야 한다. 이렇게 함으로써 우리 영혼은 욕망에서 솟아나는 광기를 길들이고 두려움에서 피어나는 폭력성을 잠재운다.

물론 이는 어려운 주문이다. 인생의 목적이 무엇일까? 당신은 어디서 왔으며 어디로 가는 걸까? 당신에게 진짜로 선한 것은 무엇이고, 악한 것은 무엇일까? 자기 파괴적인 욕망을 억제하고, 자신을 무기력하게 만드는 두려움을 극복하는 가장 좋은 방법은 무엇일까? 상기한 질문들은 인생을 살아보고 깊이 성찰한 뒤에야 제대로 답을 할 수 있는 질문이라고 볼 수도 있다. 하지만 세네카는 우리가 살면서 매순간 올바른 길을 선택하려면 이런 질문에 대한 답변을 가능한 한 일찌감치 마련해야 한다고 믿었다. 다행히 우리가 이 모든 해답을 직접 찾아 나설 필요는 없다. 우리보다 앞선 여러 철학자가 이런 질문들을 어떻게 다루어야 하는지 알려주고 있기 때문이다.

동서고금의 여러 현인은 자기 내면을 성숙시키고 세상을 위하여 봉사하는 것이 인생의 목적이라고 말했다. 자신의 자아를 계발하고 성숙하게 만들고 다른 사람들도 그렇게 할 수 있도록 도와야 한다는 것이다. 우리는 모두 자기 자신은 물론 타인이 가장 필요로 하는 것, 그러니까 우리 자신과 다른 이들의 인생을 최대한 아름답게 가꾸기 위한 삶의 여건을 조성할 소명을 타고났다. 만약 당신이 조금이라도 타인의 삶을 위로하고 편안하게 하고, 그들에게 기회를 주고 가르치고, 그들이 건강하게 살 수 있도록 도움을 주고 있다면, 당신은 그들이 보다 행복하게 살 수 있는 여건을 창출하고 있는 셈이다. 여기서 놀라운 사실은, 타인을 돕는 사람들은 그들 자신이 결과적으로 성취감을 느끼며 더 만족스러운 삶을 영위할 가능성이 커진다는 점이다.

인생에 대한 목적의식은 우리가 보다 구체적으로 삶의 목표를 설정하는 데 도움을 주고 의사결정을 내릴 때마다 견고한 잣대 역할을 한다. 오직 자기 자신만을 위해 부와 명예와 권력, 지위를 추구하고 타인에게 거의 신경 쓰지 않는 개인은 인생의 방향을 잘못 설정한 사람으로 이들은 결코 자신의 본성에 맞는 최선의 목표를 구체적으로 설정할 수가 없다는 것. 이것이 바로 현명한 철학자들이 우리에게 주는 메시지다.

자신의 영혼을 아는 사람, 인간으로서 자신의 본성에 맞는 최고선의 개념을 온전히 이해한 이들은 자신이 추구해야 할 목표를 설정할 수 있는 위치에 있다. 그런 위치에서 숭고한 목표를 세우라고 세네카는 우리에게 권한다. 그는 이렇게 말한다.

뛰어난 재능을 지닌 사람은 저급하고 열등한 목표에 만족하지 못한다. 위대한 업적을 이루고 싶은 꿈이 그를 부르고 그의 영혼을 고양한다.

좋은 소식이 있다. 우리 모두는 각자 타고난 재능과 특별한 능력을 지니고 있다는 것이다. 핵심은 그것을 올바로 개발하는 요령이다. 숭고한 목표가 있을 때 재능은 우리를 고귀하게 하고, 인간답게 성장하도록 우리를 자극한다. 따라서 가장 중요한 전체 목표는 우리를 올바른 방향으로 인도하고 우리가 최고선이라고 여기는 것을 구현할 힘이 있는 숭고한 것이어야 한다. 그리고 세부 목표는 항상 장기적인 이 전체 목표에 부합하는 것이어야 한다.

세네카는 숭고한 목표를 세우라고 조언하면서, 동시에 주의할 것이 있다고 거듭 강조한다. 그의 말을 들어보자.

어떤 일을 시도하고 싶을 때마다 자기 자신과 그 일을 먼저 평가해야 한다. 즉 당신이 하려고 마음먹은 일이 어떤 목적인지 또 당신 존재에 어떤 목적이 있는지를 살펴야 한다. 시작해놓고 완수하지 못해 후회하게 된다면 그 결말이 비통할 것이다.

자기 자신을 알아야 한다. 사적 영역이나 공적 영역에서 자신이 추구해야 하는 타당한 목표 — '당신 존재에 어떤 목적이 있는지' ─ 를 알고, 자신이 추구하는 목표가 어느 정도 힘이 드는 일인지 가능한 한 정확하게 이해해야 한다. 어떤 목표에 헌신하기 전에는 이 같은 평가 작업을 제대로 거쳐야 한다. 부적절한 목표를 설정하거나 자신이 성취하기 불가능한 목표를 설정하면 시간을 허비할 위험이 있고, 그렇게 되면 우리에게 바람직하고 중요한 목표를 추구하는 데 있어 자신감을 잃게 된다. 세네카는 이렇게 조언한다.

> 무엇보다도 자기 자신을 정확히 평가하는 작업이 필요하다. 사람들은 대개 실제 자신이 지닌 역량보다 더 높게 자신을 평가한다.

현대 사회에서는 자신감이 결여된 사람들이 많아 보이기 때문인지 몰라도 실제로 성취할 수 있는 것보다 사람들이 스스로 더 많은 능력이 있다고 착각한다는 세네카의 평가가 이상하게 들리기도 한다. 하지만 성공 가도를 달리는 야심찬 사람들이 가장 쉽게 저지르는 실수가 바로 이런 착각이다. 이런 사람들은 흥미로운 기회를 만났을 때 혹은 새로운 기획을 준비할 때 그 일을 제대로 마치려면 얼마나 많은 시간과 힘이 소요되는지 과소평가하기 일쑤다. 실행에 옮길 가치가 있는 거의 모든 일은 우리가 예상하는 것보다 더 힘이 들기 마련이다. 하지만 우리의 기대치와 현실 간에는 괴리가 존재할 수밖에 없다는 사실을 이해하기만 한다면 별 문제가 없다.

세네카는 이 문제를 보다 명쾌하게 상술한다.

> 그런 다음에는 자신이 하고자 하는 일이 어떤 일인지 신중하게 평가해야 하고, 또 자신이 하려는 일과 자신의 능력을 비교해야 한다. 어떤 일에 도전하든지 간에 그 일보다 그 사람의 능력이 뛰어나야 한다. 감당하는 사람이 버거운 짐을 지면 종국에는 무너지고 말 것이다.

기본 원리는 단순하다. 다시 말해, 자기 자신을 알아야 하고 또 자신이 하려는 일의 성격을 파악하고, 그 일을 수행하는 데 필요한 요건과 자기 역량과의 관련성을 확실하게 파악하면 된다. 크게 성공한 사람들은 알겠지만, 사람은 여러 가지로 과도한 부담을 지면 무너질 수도 있다. 알고 봤더니 목표한 일이 그 성격이나 강도 면에서 자기에게 잘 안 맞는다면 목표에 치여 기력을 소진할 수도 있고, 목표를 좇아가는 동안 자기 삶의 중요한 가치가 좀먹거나 나아가 영혼 자체를 망가뜨릴 수도 있다.

목표를 설정하는 것도 좋지만 자신이 성취하기에 너무 클 수

도 있고, 그 목표가 우리에게 맞지 않을 경우 자기다움을 잃어버
릴 수도 있다. 세네카는 이렇게 얘기한다.

> 쓸모없는 목표라든가 성취 불가능한 목표는 아예 시도하지 않
> 도록 주의해야 한다. 먼저, 자신이 결코 성취할 수 없는 목표라
> 면 애당초 소망하지 말아야 한다. 그리고 목표를 달성하고 나서
> 뒤늦게 후회와 수치심을 남길 알맹이 없는 헛된 욕망도 추구해
> 서는 안 된다. 다시 말해, 가망 없는 목표에 애를 쓰거나 수고할
> 가치가 없는 목표를 설정해서는 안 된다. 알맹이 없는 목표라도
> 실패하고 나면 슬픔에 잠기는 경우가 많고, 성공한다 해도 수치
> 심을 느끼게 된다.

세네카는 아래와 같이 이 같은 주장을 요약한다.

> 어떤 목표는 쓸 데가 없고 어떤 목표는 애쓸 가치도 없다.

이 잠언에는 우리가 살면서 느끼는 행복과 불행 혹은 만족과
실망의 차이가 어디에서 비롯되는지 잘 나타나 있다. 나는 이 문
구를 인쇄한 카드를 만들어 모든 미국인에게 한 장씩 보냈으면
좋겠다. 안과 의사와 안경사들이 시력검사표에 이 문구를 새겨

넣어도 좋을 것 같다. 사람들에게 경고를 주는 의미로 새로 발급되는 모든 신용카드 겉면에 이 문구를 새겨 넣는 것도 좋을 듯싶다. 진로상담사가 가장 중요하게 혹은 마지막으로 이 말을 강조해도 좋겠고, 사회생활을 처음 시작하는 자녀들에게 부모들이 이 말을 들려주어도 좋겠다. 어떤 일들은 쓸 데가 없다는 것. 그리고 또 어떤 일들은 우리가 애쓸 가치도 없다는 것.

세네카는 여기서 더 나아가 다음과 같은 통찰을 제공한다.

> 재물, 지위, 권력 등 화려하지만 기만적인 매력으로 우리를 즐겁게 하는 모든 것을 인류는 탐욕에 눈이 멀어 경외심을 갖고 바라보지만 이것들을 소유하게 되면 골칫거리를 떠안게 된다. 사람들은 이 사람들을 보면서 질투심에 사로잡히고, 결국에는 그들이 꾸며놓은 것들을 부숴버린다. 이런 것들은 득보다는 해가 더 많다.

우리는 너무 어려운 목표를 성취하려고 부질없이 노력하다가 좌절할 수도 있고, 목표를 성공적으로 달성하더라도 그 목표 자체가 무익한 것이어서 허망하게 무너질 수도 있다. 최근 출간되는 자기계발 서적을 보면 우리가 마땅히 추구해야 하는 것이 무엇인지 그 당위성에 대해서는 별로 관심을 보이지 않는 경우가 참 많다. 이 저자들은 우리가 무엇을 원하든 그것을 차지하도록 돕는 데에 목적이 있다. 세네카는 우리가 잘못된 것을 바라고 그것을 추구한다면 그 일에 성공하는 것 자체가 불행이고 참담한 일이라고 지적한다.

여기서 한 가지 짚고 넘어갈 것이 있다. 세네카가 재물과 명예라든가 권력을 근본적으로 배척하지는 않았다는 사실이다. 세네카는 대체로 부유하게 살았으며 재산이 많은 것을 만족스럽게 여겼다. 또 그는 저명한 인사였고, 사회적으로 상당한 권력을 행사했다. 그가 부당하다고 지적한 것은 재물과 명예, 권력, 지위를 수단이 아닌 목적으로 추구하는 탐욕스러운 삶이다.

우리가 어찌할 수 없는 권능에 의해 손에 넣기도 하고 잃기도 하는 외적인 가치가 아니라 지혜와 미덕을 함양하며 내적 자아를 키우는 것이야말로 우리가 세상을 살아가는 목적이라는 것이 세네카의 지론이었다. 재물도 그렇고, 사회적으로 지위나 권력을 얻는 것도 그러하다. 선행을 하면서 살다가 덤으로 얻으면 물론 즐거운 일이다. 하지만 이런 것들을 삶의 목표로 삼아 거기에 치중하게 되면 그 목표를 달성하는 과정이나 목표를 성취한 후에 우리 영혼은 망가질 수도 있다. 우리 영혼은 보다 영구적인 내면의 가치를 추구하도록 타고났기 때문이다.

현대인은 너무나 많은 물질을 갈망한다. 광고와 대중매체에서는 자신이 구입한 물건을 보며 행복해하는 사람들이 연일 등장한다. 화려한 이미지에 현혹된 사람들은 광고에 등장하는 제품을 소유하면 자기도 행복해진다고 믿고 물질을 좇는다. 하지만 세네카는 우리가 노동으로 얻은 모든 것이 개인이 희생을 치른 대가라고 경고한다. 세네카는 이렇게 권면한다.

> 그러므로 어떤 계획을 수립할 때나 실행할 때면 시장에서 물건을 강매하는 상인을 대하듯이 행동해야 한다. 우리가 욕망하는 것들을 얻기 위해 얼마를 지불해야 하는지 정확히 알아야 하는 것이다.

이 세상의 물질은 사라질 것들이다. 그래서 세네카는 다른 종류의 가치를 강조한다.

> 영원히 변치 않는 선한 가치를 추구하라. 우리 영혼이 자신의 내면에서 스스로 발견하는 것을 제외하고 우리가 평생 추구할 만한 선한 가치는 어디에도 존재하지 않는다.

널리 알려진 자기계발법이나 여러 성공 기법은 효과가 확실할 듯 보이지만, 우리가 잘못된 목표를 추구한다면 그 어느 것도 결코 행복을 보장해주지 않는다. 그렇기 때문에 세네카가 우리에게 주는 조언을 귀담아 들어야 한다. 너 자신을 알라! 진정한 선이 무엇인지 알아야 한다! 그리고 무엇을 하고 싶든 간에, 그것을 추구하고 얻느라 어떤 대가를 치러야 하는지 철저히 따져본 다음에 목표를 설정해야 한다. 이는 우리 모두 새겨들어야 할 귀중한 조언이다.

세상이 우리를 시험에 들게 할 때

인생에 관해 올바른 시각을 키우고 열정적으로 추구할 만한 적절한 목표를 세웠다면, 살면서 이따금 겪기 마련인 역경을 극복할 수 있는 회복 탄력성을 길러야 한다. 특히, 세네카는 우리가 어떤 일에 도전할 때 그 과정에서 어쩔 수 없이 부딪히는 문제들을 극복하려면 어떤 난관도 해결할 수 있다는 내적 확신에서 오는 회복 탄력성이 있어야 한다고 강조한다. 회복 탄력성을 키울 때 우리가 성취하려는 목표를 달성할 수 있는 최상의 여건이 조성된다. 이런 맥락에서 볼 때 세네카는 두 가지 면에서 내면의 자아가 중요한 의의를 지닌다고 설명한다. 첫째, 내면의 자아를 가꾸는 일은 우리가 인생의 목표로 삼기에 가장 합당한 영역이고, 둘째, 외부 세계에 바람직한 변화를 일으키려면 내면의 자아를 발견하고 강화하는 일에서부터 시작해야 한다.

살면서 날마다 부딪히는 수많은 문제에 타당한 마음가짐으로 접근하지 않으면 곤경에 처하게 된다. 여기서 타당한 마음가짐이라 하면 내적 확신이 충만한 상태를 일컫는다. 세네카의 말을 들어보자.

> 처한 상황이 어려워서 내적 확신이 부족한 것이 아니고 내적 확신이 부족해서 상황이 어려워지는 것이다.

우리가 기억해야 할 문구다. 그리고 맞는 말이다. 지향하는 목표에 대해 확신 없이 앞으로 나아갈 때 우리는 자주 난관에 봉착한다. 난관에 부딪히면 자신감이 떨어지고, 자신감이 떨어지면 우리가 마땅히 해야 할 일을 기피하게 된다. 이렇게 되면 일상생활 전반적으로 어려움이 가중되고 우리 마음은 필요 이상으로 위축되어 결국 부진한 결과를 초래하기 마련이다. 세네카는 우리가 이 불행한 악순환을 겪을 필요가 없다고 생각한다. 그는 자신이 생각하는 이상을 아래와 같이 표현했다.

현명한 자는 너무 많은 것을 경계하며 소심하게 나아갈 이유가
없다. 그는 자신감이 충만해서 망설임 없이 운명에 맞설 뿐 운
명을 피해 달아나는 법이 없다.

여기서 '운명Fortune'으로 번역한 말은 세네카 당시에는 외부의
우연한 사건을 의미했으며, 우리는 이 우연에 시달리지 않을 만
큼 충분히 지혜롭다고 세네카는 주장한다. 우리가 가치 있는 목
표에 집중하면서 타고난 재능을 활용할 때, 그리고 성공에 합당
한 내면의 자아를 구축할 때 우리는 여느 사람들과 달리 필요 이
상으로 우리 심신을 허약하게 만드는 근심을 차단할 수 있다. 먼
저 자신의 인생을 올바르게 계획하고 자신의 본성에 어울리는
목표를 선택한다면 쓸데없는 걱정을 대폭 줄일 수 있다. 세네카
는 이렇게 설명한다.

운명이 어떻게 변하든, 외부 사정이 어떠하든 현명한 자에게는
전혀 문제가 되지 않는다. 그의 정신은 오로지 목표에 집중할 뿐
다른 것에 관심을 주지 않기 때문이다. 현명한 자는 어떤 결과든
받아들일 준비가 되어 있다. 즉 결과가 좋다면 통제할 것이고
결과가 나쁘면 극복할 것이다.

현명한 자는 자신이 추구하는 목표에 몰두한다. 세네카에 따르면, 그런 까닭에 현명한 자는 주의를 분산시키는 방해물의 영향을 최소한으로 받는다. 현명한 자는 살면서 성공을 거두든 역경을 만나든 모두 감당할 마음의 준비가 되어 있으며, 그런 와중에도 자신이 추구하는 최종 목표를 향해 쉼 없이 전진할 수 있다.

세네카는 외부의 우연한 사건에 반응하는 현명한 자의 마음 상태를 이렇게 묘사한다.

> 현명한 자를 저지할 수 있는 것은 아무것도 없다. 가난, 고통, 그 외에 미숙한 이들을 괴롭히고 엉뚱한 길로 인도하는 그 어떤 요인도 현명한 자를 방해하지 못한다. 현명한 자가 악운에 의해 짓눌릴 것이라고 생각하는가? 그는 도리어 악운을 활용한다.

이는 흥미로운 개념이다. 현명한 자는 성공도 자기 성장의 발판으로 삼지만 실패도 활용할 줄 안다는 것이다. 그는 좋은 일이나 나쁜 일이나 모두 자기 것으로 받아들여 어떻게든 긍정적인 효과를 낸다. 현명한 자는 운명이 갑작스럽게 부리는 변덕을 염려하지 않고 곤란한 문제를 피해 도망가지도 않는다. 그보다는 무슨 일이 일어나도 좋은 방향으로 이끌 수 있다는 내적 확신으로 무장하고 당당하게 전진한다.

어떤 이들은 기를 쓰고 피해 다니는 난관이지만 현명한 자에게는 인생에 꼭 필요한 자기 인식을 굳건히 할 수 있는 좋은 토대가 되는 것이다. 세네카는 이렇게 얘기한다.

> 만약 당신이 자신을 알고자 한다면 반드시 시험을 거쳐야 한다. 시험해 보지 않고서는 자신이 무엇을 할 수 있는지 결코 알지 못한다.

세상의 거친 풍파라든가 살면서 겪게 되는 어려움을 자신이 추구하는 목표를 향한 여정에서 어떤 식으로든 자신감을 위축시키는 요인으로만 해석하는 이들이 너무나 많다. 세네카는 정반대의 관점에서 해석한다. 다시 말해, 우리가 접하는 여러 난관이야말로 그 어떤 상황에서도 흔들리지 않는 자기 확신이 있는지 시험해볼 수 있는 계기라는 것이다.

> 우리 안에는 잠재된 역량이 있지만, 살면서 수차례 역경을 만나고 또 그 역경과 때때로 치열하게 싸워보지 않고서는 절대 참된 내적 확신을 꽃피울 수 없다. 역경에 부딪히는 것이야말로 우리가 정신력을 제대로 시험해볼 수 있는 유일한 기회다. 이 시험을 거친 후라야 외부의 권능에 절대 굴복하지 않을 내면의 영혼

을 대면할 수 있다. 시퍼렇게 멍이 들도록 상대방에게 한 번도 맞아보지 않은 선수는 강한 정신력으로 시합에 임하지 못한다는 사실에서 우리는 이 같은 정신력의 본질을 확인할 수 있다. 상대 선수가 날린 주먹에 맞아 이가 흔들리고 피를 흘리고 상대가 온 힘을 실어 날린 공격에 쓰러져 본 사람, 육체는 쓰러졌을지언정 정신은 꺾이지 않는 사람, 넘어질 때마다 다시 일어나 더 굳세게 결의를 다진 사람만이 강한 자신감을 품고 링에 오를 수 있는 법이다.

또 다른 문헌에서 세네카는 이렇게 말하기도 한다.

재앙은 미덕을 함양할 수 있는 기회다.

이어서 그는 이렇게 설명한다.

지나침은 모두 해롭지만 그중에서도 가장 해로운 것은 무한한 행운이다.

현대 의학에서는 우리가 빈번하게 걸리는 감기 때문에 실제로는 면역체계를 강화할 수 있고 덕분에 우리 몸이 더 건강해진다고 말한다. 평생 몸에 아무 탈 없어 보이던 사람이 갑자기 병에 걸려 목숨을 잃는 경우를 나는 여러 번 보았다. 갑작스러운 부음을 듣고 놀란 친구와 친척들은 "하루도 아팠던 적이 없던 친구"였다고 말했다. 하지만 그것이 문제였다. 그 친구의 몸은 전염병에 대응할 준비가 되지 못했던 것이다. 지나치게 건강한 것이 오히려 몸에 안 좋을 수 있다.

줄곧 행운을 만나다 보면 사람은 오만해지고 조직은 현실에 안주하기 쉽다. 변화에 적응할 필요가 없었고, 장애물이나 실패를 극복해보지 않은 사람은 그것을 모두 경험한 사람만큼 강하지 못하다. 세네카는 인생에서 일어난 나쁜 일을 두고 개탄하기보다는 그 모든 일이 사실은 앞으로 좋은 일을 가져오기 위해 필요한 조건이라고 여긴다. 이 세상은 '영혼을 형성하는' 장소이며 수많은 위대한 사상가들이 설명했듯이, 자기만의 능력을 단련하고 올바른 인격을 키워가는 무대다. 안타깝지만 지나치게 운이 좋은 인생은 도전이 필요한 과제에 뛰어들기보다는 타성에 젖어 그저 편하게 안주하기 십상이다. 세상이 이따금 우리를 시험에 들게 할 때 우리는 비로소 자신의 잠재력을 최대한 끌어내고픈 욕구를 간절하게 느끼곤 한다.

이 같은 맥락에서 세네카는 좋고 나쁨을 냉정히 응시할 줄 아는 정신력에 대해서 아래와 같이 훈계한다.

마음에 확신을 갖고, 그 확신 자체가 기쁨이 되게 하고, 자신의 판단력을 존중하라. 그리고 다른 일은 가능한 한 멀리하고 자신의 일에 헌신하되, 후퇴하지 말고 모든 역경을 긍정적으로 해석하라.

세네카는 자신감을 구축하는 데 있어 정신이 얼마나 중요한 역할을 하는지 잘 아는 철학자였다. 인간의 정신력은 위대하다. 특히 우리의 상상력은 일을 수행하는 과정에서 우리를 제약할 수도 있고, 우리를 도울 수도 있다. 두려운 망상이 되었든 놀라운 가능성이 되었든 우리가 상상하는 내용은 늘 실제 현실과는 거리가 멀다. 우리는 이 능력을 제어할 수 있어야 한다. 세네카는 유능한 젊은 친구인 루킬리우스^{Lucilius}에게 보낸 서신에 이렇게 썼다.

루킬리우스, 세상에는 실제로 도전해서 좌절하는 사람보다는 두려워 일찌감치 포기한 사람이 훨씬 더 많다. 우리는 현실이 아닌 상상 속에서 더 많이 고통을 경험한다.

플라톤은 훨씬 이전에 실상은 눈에 보이는 것과 일치하지 않는다는 점을 지적한 바 있다. 우리가 마음의 작용이나 어떤 사건에 대한 감정적 반응을 제어하지 않으면, 그 생각과 감정이 우리

를 제어할 수 있고 비생산적인 잘못된 결말로 우리를 인도한다
고 세네카는 말한다. 우리가 처음에는 끔찍하게 여겼던 상황이
사실은 좋은 결과를 가져오는 실마리가 될 수도 있다. 세네카는
이 점을 지적하며 다음과 같이 핵심을 찌른다.

> 끔찍한 악몽처럼 보였던 것이 알고 보니 행복의 원천이자 시작
> 이었던 경우가 얼마나 많았는가?

　　내가 살면서 경험한 최악의 사건을 몇 가지 돌아보면 언제나
그 경험의 일부가 최고의 경험으로 이어지곤 했다. 참으로 괴이
한 일이지만 사실이다. 그래서 나는 상황이 좋지 않게 보일 때마
다 이 사실을 늘 염두에 두려고 노력한다. 실상은 눈에 보이는 게
다가 아니다. 설령 보이는 대로 최악의 경우라고 해도 언젠가는
그 일이 계기가 되어 어쩌면 우리가 전혀 예상치 못한 좋은 결과
로 이어질 수 있기 때문이다. 이 같은 식견을 갖춘다면 의심할 바
없이 힘든 처지에 놓일 때도 감정을 다스리며 긍정적인 태도를
강화할 수 있다.

　　우리가 봉착한 상황을 어떻게 해석하느냐 하는 문제는 우리
자신에게 달렸다. 당신은 불안해하고 두려워하며 이런저런 부정
적인 생각에 위축되는가? 아니면 대범하게 자신이 지닌 가능성

을 시험해보는가? 자신이 처한 상황을 암울하고 가망 없는 것으로 묘사하는가? 아니면 창의적으로 돌파구를 찾아낼 수 있는 기회로 여기고 계속해서 도전하는가? 세네카는 이렇게까지 얘기한다.

> 우리에게는 두려워해야 할 그 어떤 이유도 없다.

참으로 비범한 주장이다. 우리의 조언자는 철학을 훈련한 덕분에 이 놀라운 진실을 자신 있게 말할 수 있는 통찰을 얻었다. 그는 철학을 통해 전체 숲을 그려볼 수 있게 되면 이런저런 근심거리가 줄어들고, 모든 사물과 현상을 관조적으로 볼 수 있다고 확신한다. 그렇다면 목표를 향해 정진하는 과정에서 우리가 보다 큰 확신을 가지려면 어떻게 해야 할까? 첫째, 철학을 우리의 길잡이로 삼아야 한다. 보통 사람은 새로운 일에 도전할 때면 근심과 의심으로 가득 찬다. 보통 이상의 사람이라도 그럴 수 있다. 그러나 세네카는 이렇게 주장한다.

> 건강한 내면의 자아를 위해 철학을 실천하는 사람은 불굴의 의지를 지닌 확신에 찬 고귀한 존재가 되고, 그에게 가까이 다가갈수록 당신은 더 훌륭한 사람이 된다.

철학은 올바른 분별력을 심어준다. 만약 우리가 역경을 극복하면서 자신의 정신력과 역량을 온전히 인식한다면, 쓸데없는 두려움에서 벗어나 정확한 판단과 역량을 발휘하며 대담하게 정진하는 삶을 즐길 수 있다.

둘째, 좋고 나쁨을 올바로 식별하고 그 영향력을 큰 그림 안에서 그릴 줄 알아야 한다. 세네카는 올바른 자기 확신은 자기 인식, 곧 자신의 장점은 물론 단점에 대한 이해에 기초한다고 믿는다. 그는 이렇게 얘기한다.

> 우리가 고통 받는 지점은 모두 다르다. 자신의 취약점을 알아야만 그것을 확실히 보호할 수 있다.

자신의 약점과 불리한 점을 알고 있으면 취약한 점을 방어할 수 있으니 인생을 헤쳐 나가는 데 필요한 자신감을 구축할 수 있는 토대는 웬만큼 확보한 셈이다. 그리고 목표를 달성하는 과정에서 발생할지 모르는 어려운 문제를 예상하고 철저히 분석해 대응 계획까지 마련한다면, 언제고 흔들리지 않을 자신감을 위한 확고한 기반을 마련했다고 볼 수 있다. 세네카는 이렇게 얘기한다.

앞으로 닥칠지 모를 위험을 어떻게 처리할지 사전에 대비하고
나면 사람은 누구나 훨씬 대범한 자세로 위험에 맞선다. 사전에
대처법을 연습했다면 힘든 난관에 부딪혀도 보다 수월하게 견
뎌낼 수 있다. 이에 비해 준비되지 않은 사람은 사소한 일에도
불안에 떤다.

세네카가 이런 전략을 우리에게 권하는 이유는 일단 올바른
목표를 세운 후 목표를 향해 나아가는 과정에서 자신감이나 '확
신'이 무척 중요하다고 보기 때문이다. 굳건한 믿음이 현실 세계
에서 우리가 목표를 달성했을 때 얻고 싶어 하는 결과를 확실히
보장한다고 장담할 수는 없지만 세네카는 내적 확신이 중요하다
고 믿어 의심치 않는다. 그는 이렇게 강조한다.

내가 발전할지 후퇴할지는 모르지만 내 자신을 믿지 않는 것보
다는 차라리 실패 가능성을 택하겠다.

세네카는 세상을 살면서 자기 자신과 자신의 계획을 신뢰하는
것이 본질적으로 좋은 일이라고 판단한 듯하다. 여러 장점을 논
할 수도 있겠지만, 무엇보다 그것이 옳은 일이기 때문이다. 만약
우리가 세운 미래의 계획이나 우리 자신에 대해 굳건한 확신이

있다면, 우리가 바라는 진전을 이룩하고 우리가 하는 일마다 바

라는 성공을 거둘 가능성은 더욱 커진다.

농부처럼 인생을 계획하기

The Wisdom of
Seneca

　　　　　　　성공적인 삶을 살려면 적절한
목표 설정이 반드시 필요하다. 내적 확신도 있어야 한다. 그리고
세네카는, 다른 위대한 사상가들과 마찬가지로, 목적을 달성하
기 위해서는 꿈도 지녀야 하고 신념도 있어야 하지만 계획을 제
대로 수립할 줄 알아야 한다고 말한다.

　가령, 당신이 텃밭을 가꾸고 싶다고 하자. 어떻게 텃밭을 가꾸
고 싶은지 분명히 구상을 하고, 심고 싶은 채소 종류를 머릿속으
로 미리 떠올렸을 테다. 당신은 이제 농부처럼 자기 일에 대한 확
신을 가지고 계획을 실행한다. 일단 필요한 장비를 마련하고 종
자를 구입해야 한다. 그런 다음에 파종을 한다. 과제가 텃밭 가꾸

기인 경우, 우리가 따라야 할 단계는 이와 같이 자명하다. 기본적
으로는 가정이나 직장에서 이보다 복잡한 일을 실행할 때도 이
런 단계를 거쳐야 하지만 우리는 자주 빠트리곤 한다.

복잡하고 어려운 목표를 달성하려면 전략이 필요하고, 추진력
이 있어야 하고, 변화에 적응하면서 그 과정에서 여러 협력자들
과 함께 배우고 조율할 줄 알아야 한다. 또 일을 완수하기까지 필
요한 업무에 집중하고, 시작 단계부터 완료할 때까지 자신이 지
불해야 할 모든 것을 철저히 평가하는 작업이 매우 중요하다. 우
리는 씨를 뿌려야 하고, 그 뒤에는 계획대로 진행해야 한다. 세네
카는 이렇게 말한다.

> 농부가 파종한 뒤에 일을 하지 않으면 그가 심은 모든 것을 잃
> 게 된다. 곡식을 수확하기까지는 많은 보살핌이 필요하다. 첫날
> 부터 마지막 순간까지 지속적으로 가꾸지 않으면 어떤 씨앗도
> 열매를 맺는 단계에 이르지 못한다.

숭고한 목표를 달성하는 일은 부단히 활동하는 과정이 누적된
결과로, 그 과정은 아이디어 구상, 계획 수립 그리고 자신의 포부
에 어울리는 지속적인 노력으로 요약할 수 있다.

인생에서 어떤 일을 성취하려면 당연히 거쳐야 하는 수순인데

도 이 단순한 지혜를 많은 사람이 따르지 않는 모습을 지켜보면서 세네카는 이렇게 썼다.

> 어떤 사람들은 일관되게 따르는 계획이 없어 이 일 저 일 변덕을 부리면서 마음이 흔들리고, 결코 만족하지 못한다. 목표조차 없는 사람들은 운명에 몸을 내맡기고 그저 가만히 서서 지켜본다.

인생 전반에 걸쳐 혹은 특정 시기에 한결 같은 목표를 추구하는 사람은 인생을 성공적으로 꾸릴 가능성이 높다. 이런 목표를 달성하기 위해 일관되게 계획을 수립하는 것이야말로 힘을 효과적으로 사용할 수 있는 원천이다.

위대한 업적을 달성하는 데 지름길은 없다. 가치 있는 목표를 달성하려면 고된 노동이 있어야 한다. 물론 이 말은 우리가 매일, 매시간 쉴 새 없이 강도 높은 노동에 헌신해야 한다는 말이 아니다. 세네카는 이렇게 설명한다.

> 쉴 새 없이 일하기를 좋아하는 것은 근면한 것이 아니다. 이는 일을 하지 않으면 견딜 수 없는 마음 상태다.

어려운 목표를 달성하려면 각고의 노력이 필요하기 때문에 쓸데없는 활동에 낭비할 시간이 많지 않다. 세네카는 이렇게 말한다.

> 내가 지금 그대에게 권하고 있는 일은 무엇인가? 이전에 존재하지 않던 사악한 행위를 고치려고 하는 것이 아니므로 전혀 새로운 얘기는 없다. 무엇보다도 자신에게 필요한 일과 쓸데없는 일이 무엇인지 분명하게 알아야 한다.

어떻게 이 두 가지를 알 수 있을까? 우리가 어떤 상황에서나 필요한 것과 쓸데없는 것을 구분할 수 있는 방법은 무엇일까? 세네카는 극히 단순하지만 무척 유용한 해답을 제시한다.

> 무슨 일을 하든지 목표를 바라보라. 그러면 쓸데없는 것들을 제거할 수 있을 것이다.

먼저 너의 나라를 구하라. 이는 최종 승리에 초점을 맞춰야 한다는 말이다. 이 같은 지혜는 성경뿐 아니라 일상 대화에 이르기까지 우리 문화 속에 자연스럽게 스며들어 있다. 무엇이 중요한지, 또 우리가 달성하고 싶은 목표가 무엇인지 확실하게 인지하고 있으면 일을 진행하는 과정 내내 무엇이 필요하고, 그렇지 않은지 분별하는 데 도움이 된다. 현재 처한 곳에서 우리가 가야 할 곳으로 우리를 이끌어줄 계획을 일단 확정했다면, 주저하지 말고 행동에 옮겨야 한다. 사상가이자 활동가였던 우리의 철학자 세네카는 이렇게 권한다.

> 오늘 해야 할 일에 헌신하라. 그러면 내일은 너무 많은 일을 떠안게 되지 않을 것이다.

살면서 어떤 일에 도전하든 간에 계획 수립의 중요성은 거듭 강조해도 지나치지 않다. 오늘 해야 할 일은 무엇이고, 내일 해야 할 일은 무엇인가? 하지만 계획이라고 하는 것은 바위에 새겨놓은 계명처럼 변경 불가능한 것은 아니다. 최선의 계획이라도 일을 현명하게 처리하기 위해 우리가 설계한 도구일 뿐이지 창의성을 발휘하는 것을 금하거나 우리를 구속하는 굴레가 아니다. 세네카는 극히 상식적인 조언을 건넨다.

> 상황이 변했을 때 계획을 수정하는 것에는 아무런 문제가 없다.

도전 과제를 위한 계획을 수립하라. 계획을 실행하라. 그리고 일을 진행하면서 계획을 수정하라. 계획은 일을 효과적으로 수행하기 위한 합리적인 도구다. 하지만 도구 이상의 의미는 없다. 완고함과 변덕스러움이라는 두 악덕을 벗어나 중용을 지킬 수 있는 방편으로 세네카가 우리에게 제시하는 미덕은 융통성이다. 어떤 목표든 먼저 실행 계획을 세워야 한다. 그런 다음에,

> 우리는 융통성을 발휘해야 한다. 융통성이 없으면 처음에 수립한 계획에 집착하기 쉽다. 주어진 상황에 맞게 적응할 필요가 있고, 목표를 변경하거나 입장을 바꾸는 것을 두려워해서는 안 된다. 융통성이 지나쳐 한시도 가만있지 못하고 변덕을 부리는 것만 아니라면.

삶은 균형을 이뤄야 하고, 그러려면 극단으로 치우치지 않는 자세가 필요하다. 모래톱이든 수심이 낮은 여울목이든 인생을 항해하면서 장애물을 성공적으로 헤쳐 나가는 데 중요한 열쇠가 되는 것이 바로 이 균형 감각이다.

이 장에서 끝으로 당부하고 싶은 말은 현자들의 조언을 귀담아 들으면 적절한 계획을 수립하고 상황에 따라 유연하게 대응하는 능력을 향상시킬 수 있다는 것이다. 세네카처럼 우리 자신을 이해하는 데 도움을 주는 과거 또는 현대의 철학자들에게 지

혜를 구할 필요가 있다. 철학자들은 보편적 관점에서 우리 각자가 직면한 과제를 깊이 이해하고 있으며 우리가 현명하게 인생을 항해하는 데 도움이 되는 시각을 제시한다.

그런 다음 우리는 자신의 목표를 달성하는 데 필요한 기술 및 경험을 지닌 사람들과 협력해야 한다. 일을 진행하는 과정에서 우리를 도울 수 있는 사람, 일을 계획하고 실행하는 데 있어 우리를 지원할 수 있는 사람들을 사귈 필요가 있다. 하지만 다른 사람들과 교류할 때 늘 기억할 것이 있다. 그들의 우선순위가 우리 것과 일치하는 경우는 그리 많지 않다는 점이다. 이 사실을 간과할 경우, 우리가 정한 항로에서 벗어나 자기에게 이롭지도 않은 활동을 억지로 하면서 정력과 시간을 낭비할 수 있다.

세네카는 우리에게 주어진 시간이 얼마나 소중한지 늘 상기시킨다. 살면서 누구나 한 번쯤 느끼는 지난 시간에 대한 아쉬움을 세네카는 아래와 같이 표현한다.

> 철학자 소티온Sotion의 교실에서 어린 학생으로 앉아 있던 때가 바로 엊그제 일 같고, 법정에서 변론하기 시작한 때가 바로 엊그제 일 같다. 변론할 마음이 사라지고, 변론 능력을 잃어버린 것도 바로 엊그제 일 같다. 과거를 돌아보는 사람은 시간이 얼마나 쏜살같이 지나가는지 더 분명하게 인식할 수 있다.

그는 계속해서 이렇게 말한다.

이런 까닭에 나는 쓸데없는 일에 소중한 시간을 소비하게 만드
는 사람들에게 불같이 화를 낸다. 아무리 신중하게 쓴다고 해도
꼭 필요한 일에만 쓰기에도 모자란 것이 시간이다.

올바로 계획을 짜는 법을 배워야 하고, 그 다음에는 그 계획을
날마다 실행에 옮기는 법을 배워야 한다. 목표를 실행하는 과정
에서 길을 잃지 않으려면 가장 귀중한 자원인 시간을 제대로 활
용하지 못하게 유혹하고, 주의를 분산시키는 엉뚱한 일에 신경
쓰지 말아야 한다. 그리고 일을 진행하는 데 도움을 주는 사람들
과 협력하고 날마다 그들에게 배워야 한다. 하지만 귀중한 시간
을 수호하고 그것을 잘 활용함으로써 인생을 성공적으로 이끌어
갈 책임을 져야 하는 주체는 결국 자기 자신이다.

언제까지 기웃거리며 살아갈 것인가

The Wisdom of
Seneca

다른 위대한 스토아 철학자들과 마찬가지로 세네카는 살면서 어떤 목표를 추구하든 누구에게나 일관성을 유지하는 것이 무척 중요하다고 생각한다. 인생에서 가장 중요한 미덕을 열거하면서 그는 이렇게 언급했다.

그리고 꾸준함이라는 미덕도 빼놓을 수 없다. 꾸준함이 있는 사람은 어떤 권세에도 자기 목표를 결코 포기하지 않는다.

꾸준함이란 목표를 추구하는 데 있어 혹은 비전을 실현해 나가는 데 있어 일관성을 유지하는 것을 의미한다. 무슨 일을 하든 만족스러운 결과를 내려면 가장 필요한 미덕 가운데 하나가 바로 꾸준함이다.

일관성을 지키는 삶이 얼마나 어려운 것인지 잘 알았던 세네카는 그 중요성을 강조한다. 세네카는 한 친구에게 다음과 같이 따끔하게 충고했다. 어쩌면 여러분도 친구들에게 살면서 한 번쯤 들어본 말일 것이다.

> 당신의 가장 큰 문제는 바로 당신 자신이다. 당신 자신이야말로 가장 큰 장애물이다. 무엇을 원하는지 당신 스스로도 알지 못한다. 올바른 길이 무엇인지 알아도 그 길을 따를 생각이 없다. 당신은 진정한 행복이 어디에 있는지 알지만 그것을 노력해서 얻을 배짱은 없다.

맞는 말이다. 자신이 정말로 무엇을 원하는지 몰라서 일관성이 없는 경우도 있고, 자기 신념에 대한 배짱이 없어서 일관성이 없는 경우도 있다. 입으로 말하는 목표는 저기 있는데 그 사람의 행동은 다른 방향을 가리키고 있는 것이다. 그러면서도 자신이 겪는 문제가 순전히 외부 상황 때문이라고 자신을 속인다. 세네카는 이렇게 말한다.

왜 우리는 자신을 속이는가? 우리에게 가장 해를 끼치는 악은 외부에 있지 않고, 자신의 깊은 내면에 자리하고 있다. 자기가 아프다는 사실을 깨닫지 못하면 자기 건강을 돌보기가 훨씬 어려운 법이다.

　사람들이 인생을 살면서 실패를 경험하는 가장 큰 이유 중 하나는 신념이나 태도 등이 서로 불일치하기 때문이며, 이는 많은 이들이 인정하려 들지 않는 자기 악덕 가운데 하나다. 그 결과 자기가 오히려 문제를 키우고 실패를 자초하는 경우가 많다. 신념이나 태도 등에 일관성이 없는 사람의 최대 적은 바로 그 자신이다. 스토아 철학자인 세네카는 이렇게 말한다.

　그 사람이 자신과 불화하기를 기도하는 것보다 더 심한 저주는 없다.

　신념이나 태도 등의 비일관성은 단순한 저주가 아니라 거기에는 우리가 이해 못할 불가사의한 힘이 있다. 우리들도 가끔 친구에게 편지를 쓰지만 세네카도 친구에게 편지를 쓰면서 이 문제를 논의한 적이 있다.

루킬리우스, 우리가 정말로 가고 싶어 하는 방향과 다른 방향으로 우리를 끌고 가 정작 우리가 벗어나고 싶은 곳으로 데려가려는 이 힘은 도대체 무엇일까? 우리 영혼과 씨름을 벌이며 아무것도 일관되게 욕망하지 못하게 만드는 이것은 도대체 무엇일까? 우리는 이것저것 수시로 계획을 바꾸곤 하지. 우리의 소망은 그 어느 것도 자유롭지 못하고, 순전하지 못하고, 그 어느 것도 영속적이지 않아.

신념이나 태도 등의 비일관성이 만연한 이유와 그것이 어떤 영향을 미치는지에 대한 궁극적인 해답이 무엇인지는 모르겠다. 하지만 그 해답이 무엇이든 간에 세네카가 굳건하게 견지하는 입장은, 우리가 반드시 갖춰야 할 미덕이 일관성이라는 것이다. 그는 다음과 같이 주장한다.

날마다 나를 발전시켜야 하고, 다른 무엇보다도 먼저 자신의 본모습과 일치하는 사람이 되기 위해 힘써 노력해야 한다.

"다른 무엇보다도 먼저" — 이는 특별히 힘주어 주장할 때 쓰는 말이다. 세네카는 또 아래와 같이 첨언했다.

일관된 것들은 영원히 변치 않는다. 거짓된 것들은 변치 않을 수 없다.

일관성은 진실하고, 비일관성은 거짓이다. 이것은 무척 흥미로우면서도 강력한 개념이다. 당신이 일관되게 행동하면 자신에게 진실한 것이다. 불일치한 행동은 내면의 자아가 추구하는 최선의 목표나 가치와 거짓된 관계를 맺기 때문에 거기에서 영속적이고 긍정적인 가치를 얻기는 불가능하다. 세네카는 신념이나 태도가 일치하는 일관성이 인격적으로 온전한 사람이 되는 데 매우 중요한 역할을 한다고 여긴다. 그는 이렇게 얘기한다.

> 장담컨대, 오로지 한 사람의 역할만 충실히 구현한다는 것은 위대한 일이다. 현자가 아니고서는 어느 누구도 한 인격체로만 살아갈 수 없다. 나머지 사람들은 그저 이랬다저랬다 가면을 바꿔가며 살아갈 뿐이다.

신념이나 태도가 서로 일치하지 않는 사람은 늘 가면을 바꿔 쓰는 것이나 마찬가지다. 전혀 다른 모습으로 자기 자신을 세상에 내놓는 것이다. 세네카는 본연의 모습을 있는 그대로 드러내는 것을 매우 중요하게 여긴다. 일관된 모습을 유지하며 살라는 말이다. 그의 통찰은 이렇게 표현된다.

> 사람들이 당신을 칭찬할 수 있게끔 행동해야 한다. 설령, 칭찬
> 은 받지 못해도 최소한 당신을 딴 사람으로 오해하지는 않게 살
> 아야 한다.

신념, 태도 등이 서로 일치하지 않는 사람은 자신이 정말로 어떤 사람인지 알 도리가 없다. 일관성, 집요함, 꾸준함은 성격을 결정짓는 중요한 덕목이고, 이들 덕목이 올바른 목표 및 가치와 결합할 때 성공적인 인생을 일구는 데 기여하는 원천이 된다.

세네카는 동양이나 서양 사상에서 가장 심오한 개념 가운데 하나인 '조화'와 마찬가지의 맥락에서 이 일관성을 치켜세우곤 한다. 그는 이렇게 권한다.

> 너의 말과 행동이 동일한 거푸집에 넣어 찍어낸 것처럼 일치하
> 며 조화를 이루도록 해야 한다. 어떤 이의 행동이 조화를 이루
> 지 못하면 그의 영혼은 비뚤어진 것이다.

세네카는 당대에 칭송을 받았던 유명 인물을 언급한 일화에서 위대한 일을 하든 사소한 일을 하든 일관된 행동 혹은 조화로운

행동이 매우 중요하다고 강조했다.

위대한 영혼의 소유자이자 내전으로 명예와 권력을 얻어 조국의 번영에 일조한 유일한 사람인 마르쿠스 아그리파^{Marcus Agrippa}는 "조화를 유지하면 작은 것도 크게 성장하지만 조화가 부족하면 위대한 것도 쇠퇴한다"라는 격언에서 많은 교훈을 배웠노라고 말하곤 했다.

세네카는 이를 일반적 관점에서 다시 강조한다.

철학은 우리에게 말만 하는 것이 아니라 실천에 옮기도록 가르친다. 철학은 모든 이에게 자기 자신의 기준에 따라 살아갈 것, 그의 삶이 자신이 내뱉은 말과 조화를 이룰 것 그리고 내면의 자아는 모순이 없어야 하고, 겉으로 드러나는 행동과 온전히 조화를 이루어야 한다고 요구한다. 지혜가 해야 할 가장 고상한 의무, 참지혜가 있음을 보여주는 명백한 증거는 바로 말과 행위에 부조화가 없어야 한다는 것 그리고 어떤 상황에서든 자신의 본모습을 잃지 않고 일관되게 행동해야 한다는 것이다.

우리 행동이 모순되고 신념과 조화를 이루지 않는 원인은 흔

히 두려움, 유혹, 분노, 게으름, 주의산만 등의 일시적이고, 비합리적인 감정이나 마음 상태 때문이다. 세네카에 따르면, 최선의 예방책은 이성을 적절히 따르는 것이다.

> 이성을 길라잡이로 삼아야 한다. 지극히 사소한 일부터 위대한 일까지 우리의 모든 행동은 반드시 이성에 따라야 한다. 이성이 명령을 내리는 대로 실천해야 하는 것이다.

세네카에게 있어 이성은 사소한 인식의 문제가 아니다. 이성은 어떤 일을 하든지 우리가 직관과 해석, 유추를 통해 올바른 길이 무엇인지를 이해하는 데 꼭 필요한 능력이다. 이성은 신념이나 태도 등의 비일관성이 어디서 일어나고 또 어떻게 그것을 피할 수 있는지 길을 안내해줄 것이다. 물론 비일관적으로 행동하는 나쁜 습관을 깨뜨리려면 이성의 도움만으로는 부족할지 모른다. 상상력도 활용해야 하고 비합리적인 충동에 빠지지 않도록 감정을 단련하는 법도 익혀야 할 것이다. 하지만 이성만이 진정으로 우리에게 무엇이 유익하고 해로운지를 알려줄 수 있으므로 무엇을 하든지 늘 이성의 지원을 받고 그 명령을 따라야 한다.

일례로, 세네카는 화내는 것에 대해 이런 말을 했다. 그는 화를 "가장 추악하고 흥분한 감정"이라고 부르며, 더 나아가 "일시적

광기"라고 규정했다. 그는 아래와 같이 조언한다.

> 최선의 대응책은 화가 나려는 즉시 이를 차단하는 것이다. 아주 조금 화가 났을지라도 여기에 저항하며 분노에 휩싸이지 않도록 애써야 한다. 만약 화가 치밀어 이성을 잃기 시작하면 평정을 되찾기는 어렵다. 분노의 감정을 조금이라도 허용하면, 그것이 우리의 자유의지로 선택한 것일지라도, 이성은 힘을 잃고 우리는 화가 치민 감정에 지배당한다. 그러면 화는 애초에 당신이 허용했던 수준을 넘어 제멋대로 당신을 부릴 것이다.

살다 보면 짜증나는 일도 많고, 언제 무슨 일이 일어나 우리를 방해할지 모른다. 가벼운 무시에서부터 노골적인 욕설, 기만, 배신, 무례한 행동 등 여러 가지 부당한 일들이 우리를 당혹하게 만든다. 하지만 그런 것들에 영향을 받아서는 안 된다. 다른 문헌에서 세네카는 화에 지배당하지 않는 사람을 아래와 같이 생생하게 묘사했다.

> 그는 맹수의 제왕처럼 작은 개들이 짖어대는 소리는 가벼이 여기고 자기 길을 가는 위대하고 고상한 사람이다.

소크라테스를 비롯한 여러 철학자도 자주 언급했듯이, 우리의
조언자 세네카는 화처럼 부정적인 감정은 그 감정을 터뜨린 당
사자에게 악영향이 되어 돌아오기 때문에 이 사실 하나만으로도
그런 감정을 초기에 차단해야 할 동기는 충분하다고 지적한다.

다른 이유보다도 자기 자신에게 해가 된다는 사실을 깨달아야
화를 내려는 충동을 기꺼이 차단하지 않겠는가?

하지만 화처럼 강력한 감정을 다스리려면 대비책이 필요하다
는 생각에 세네카는 아래와 같이 조언한다.

내 생각에는 오직 두 가지 규칙이 있을 뿐이다. 화를 내지 말
것, 그리고 화가 나서 그릇된 행위를 범하지 말 것.

화를 비롯해 부정적인 감정을 다스리지 못하면 잘못된 길에
빠지거나 좌절할 수 있으므로 우리에게는 반드시 진리를 분별하
는 시금석이 있어야 한다고 생각하는 세네카는 아래와 같이 거
듭 강권한다.

우리는 삶의 지침이 되는 하나의 확고한 윤리 기준을 받아들여

야 하고, 그 기준에 따라 전 생애를 통제해야 한다.

자신이 무엇을 원하며 무엇을 가치 있게 여기는지, 또 그것을 어떻게 얻으려고 하는지에 관해 하나의 분명한 개념, 즉 원칙이 있으면 목표를 추구하는 과정에서 주의를 산만하게 하는 일시적 감정이나 충동을 간파하고 이에 저항할 수 있는 근거를 확보한 셈이다.

원칙과 일치하지 않는 활동에 투자할 시간이 없다는 것이 세네카의 지론이다. 그런데 세네카가 보기에 이 같은 사실을 알고 있는 사람은 너무나 적다. 그의 말을 들어보자.

> 자기에게 주어진 시간의 가치를 깨닫고, 자신이 날마다 죽음을 향해 다가가고 있다는 사실을 이해하며 그 시간을 귀하게 여기는 사람을 본 일이 있는가?

우리에게 주어진 시간을 쓸데없는 일에 낭비하거나 허투루 써서는 안 된다. 그러나 우리 주변에는 주의를 딴 데로 돌리는 방해물이 많다. 그는 젊은 친구에게 이렇게 편지했다.

> 루킬리우스, 시간 외에 우리에게 속한 것은 진정 아무것도 없

다. 자연은 이 한 가지만을 우리가 소유하도록 허락했지만, 워낙 쏜살같이 지나가고 붙잡아두기는 어려운 까닭에 누구든지 마음만 먹으면 우리에게서 빼앗아갈 수 있다.

이런 까닭에 세네카는 우리에게 온 힘을 다해 목표에 정진할 것을 간청한다.

우리는 집중을 방해하는 모든 방해물을 무시하고, 정신력으로 단단히 무장하고, 한 가지 목표를 향해 전력을 다해야 한다. 그러지 않으면 뒤처질 테고, 한참이나 지나서 우리가 늦출 수도 없는 시간이 얼마나 빠르게 지나는지 깨닫게 될 것이다. 새날이 오면 우리는 최선을 다해 맞이하고 그 시간을 온전히 소유해야 한다.

세네카는 다시 이렇게 말한다.

우리가 이용할 수 있는 모든 시간을 장악해야 한다. 하지만 먼저 자기 자신을 장악하지 않는 한 이런 일은 일어나지 않는다.

우리가 맞이하는 새날을 온전히 소유할 수 있으려면 자신의 목표나 가치와 일치하는 행동 계획을 수립해야 하고, 또 매력적이지만 우리를 산만하게 하고 결국 악영향을 끼치기 마련인 여러 유혹에 저항해야 하고, 그리고 내면의 자아가 세상 속에서 조화를 이루며 목표에 몰입하도록 해야 한다. 그러나 여기에는 각고의 노력이 필요하고, 날마다 자신을 성찰하는 과정이 필요하다. 그런 의미에서 세네카는 이렇게 말한다.

> 섹스티우스는 하루 일과를 마치고 저녁에 휴식을 취할 때면 이런 질문을 자신에게 던지는 습관이 있었다. "오늘 어떤 악습을 고쳤는가? 어떤 악행을 범하지 않으려고 싸웠는가? 어떤 면에서 더 나아졌는가?"

우리가 추구하는 목표나 가치와 일관된 태도로, 이 세상에서 주어진 시간을 최대한 활용하려고 애쓰는 사람은 올바른 삶의 목표를 달성하는 방향으로 성큼성큼 나아가게 될 것이다. 시간을 어떻게 활용할 것인지는 우리 자신에게 달렸다. 일관된 모습으로 살아갈 것인가, 아니면 여기저기 기웃거리며 살아갈 것인가? 자아 분열적으로 살아갈 것인가, 아니면 자아와 조화를 이룰 것인가? 이는 순전히 우리 자신에게 달렸다. 난관에 직면할 때마다 상황에 대해 불평하는 한 계속 문제를 더 악화시킬 뿐이다. 우리가 책임을 지고 목표 의식과 일치하는 행동을 취할 때 우리는 당당하게 자기 몫의 행복을 차지할 수 있고, 이 세상에서 해야 할 선한 일을 할 수 있는 자리에 올라서게 된다. 이것은 스토아 철학이 말하는 삶의 기술에서 매우 중요한 측면이다.

부정적 감정이 공격해올 때

The Wisdom of
Seneca

스토아 철학자들은 우리가 살아가는 동안 역경이나 난관에 직면했을 때 어떻게 반응하는지에 관심이 대단히 많다. 바라는 대로 일이 풀리지 않고 인생이 요동칠 때 우리는 짜증과 좌절, 분노, 낙담, 절망, 우울감에 젖을 때가 참 많다. 마음이 흔들리고, 불안하고, 두려움이 밀려오고, 세상에서 자기보다 더 대접받는 것 같은 사람들을 질시한다. 그리고 이 사실은 스토아 철학자들이 말하듯 우리가 평정심과 행복을 얻는 데 외부 상황에 지나치게 의존하고 있음을 보여준다. 우리의 생각과 감정, 태도, 행동은 이성의 지배를 받아야 하고, 고귀한 내면의 자아에 뿌리내려야 하며, 따라서 변덕스러운 운명에 좌우되어서는 안 된다. 세네카의 설명을 들어보자.

> 사람들은 엄청나게 부를 쌓은 사람이 행복한 사람이라고 여기지만, 그게 아니라 자기 영혼 안에 진정한 부를 쌓은 사람이 행복한 사람이다. 이런 사람은 올곧고 고결하며, 신념과 태도가 어긋나는 행위를 거부한다. 또 자신의 처지를 다른 사람과 바꾸려 하지 않고, 사람을 볼 때는 그들의 내적 가치만을 높이 평가한다. 자연을 그의 스승으로 삼고, 자연의 법칙에 순응하고, 자연이 명하는 대로 살아간다. 그가 내면에 지닌 것은 무력을 써서 빼앗지 못한다. 그는 악함도 선함으로 바꾸고, 판단에 실수가 없다. 어떤 일이 닥쳐도 마음이 흔들리지 않고 두려움 없이 살아간다. 외부의 권능에 의해 다른 처지에 놓일 수는 있겠지만 절대 다른 일에 정신을 팔지 않는다. 운명이 그에게 온 힘을 다해 치명타를 날리더라도 만에 하나 살짝 스치는 경우는 있어도 결코 상처 입는 일은 없다.

스토아 철학자들은 평정심을 잃게 만드는 감정이 공격해올 때 마음을 단단히 먹고 이에 맞서라고 조언했다. 스토아 철학의 관점에서 보면 우울함이나 의기양양한 마음이나 이성의 작용을 방해하고, 우리가 가야 하는 정도에서 벗어난 행동을 하게 만든다는 점에서 모두 부정적인 감정이다. 뜻밖의 주장이라 처음에는 놀랐겠지만 다시 생각해보면 확실히 맞는 말이다. 어느 쪽이든 간에 극단적인 감정은 통제를 벗어날 경우 일에 대한 판단을 그르칠 수 있다. 너무 신이 나서 아니면 제어하기 힘든 극단적인 두려움 때문에 나중에 생각하기도 부끄러운 일을 저지른 경험이 다들 있지 않은가. 세네카는 현자가 누리는 행복에 대해 이렇게 설명한다.

> 자연은 행복을 얻는 데 어떤 거창한 장비도 필요치 않게 만들었다. 사람은 누구나 스스로 행복할 수 있다. 외적인 것들은 그 가치가 하찮을뿐더러 실제로 별 영향을 미치지도 않는다. 현자는 외적인 번영에 득의양양하지 않고 외적인 난관 때문에 우울해하지도 않는다. 이는 그가 늘 자신을 의지하며 자기 내면에서 즐거움을 발견하려고 노력하기 때문이다.

부정적인 감정이 우리에게 영향을 미친다는 것은 부인할 수 없는 사실이다. 그런 까닭에 스토아 철학자들은 이런 감정을 다루는 방법에 대해 그렇게 많은 말을 했던 것이다. 그들은 부정적이든 긍정적이든 합리적 판단을 저해하고 우리가 추구하는 선한 목표를 거스르는 방향으로 끌어당기는 감정 자체에 대해서 경고

한다. 되새겨야 할 중요한 경고다.

지나친 기쁨에도 지나친 절망 못지않게 우리를 올바른 경로에서 벗어나게 만드는 힘이 있다. 제어하지 못할 정도로 극한 감정에 빠지면 마음은 평정을 잃고 우리의 발전을 저해할 수 있다. 감정의 부정적 역할에 관해서 특히 스토아 철학자들은 깊은 통찰을 보여준다. 물론 긍정적 감정이 우리 삶에 미치는 건전한 영향에 대해서도 스토아 철학자들이 보여준 통찰을 찾아볼 필요가 있다.

성공하는 인생을 다룬 통찰력 있는 최근의 주장들을 보면 장기적 관점에서 볼 때 열정 혹은 감정적 몰입이 매우 중요한 요소라고 지적한다. 블레즈 파스칼^{Blaise Pascal}은 17세기 프랑스의 과학자이자 수학자로 초기 스토아 철학에 지대한 영향을 받았는데, 이 논의와 관련해 우리가 되새길 만한 주장을 한다. "감성에는 이성이 전혀 모르는 동기가 있다." 하지만 감성이라는 동인이 삶에서 긍정적인 역할을 한다는 견해는 일반적으로 스토아 철학과는 어울리지 않는다.

스토아 철학자들은 우리 삶에서 감정이 미치는 영향을 최소화하려고 시도한 것으로 정평이 나 있다. 그들은 부정적인 감정에 예속되어 사는 우리를 자유롭게 하려고 애쓴 나머지 긍정적인 감정에 대해서 지나치게 신중한 태도를 견지했다. 그들은 삶을 제어하는 이성의 역할에 관해서는 그 중요성을 거듭 강조했지만, 적절하게 제어된 열정이 미치는 긍정적인 영향에 대해서는 별로 언급을 하지 않았다.

인생에서 성공을 달성하는 데 미치는 감정적 몰입의 중요성을 세네카가 깨달았는지 확실히 알려면 그의 작품 전체를 자세히 살펴야 한다. 일례로, 드물지만 세네카는 다음과 같은 견해를 밝힌 적이 있다.

> 완벽하지 못한 것들은 꾸준하지 못해서 때로는 좋아졌다가 때로는 나빠진다. 그런 것은 계속 정진하지 않는 한 분명 퇴보하게 된다. 열정이 떨어지고 충실하게 실천하지 않으면 필연적으로 그는 퇴보한다. 멈춘 지점에서부터는 퇴보만 있을 뿐 다시 발전할 수 있는 이는 아무도 없다. 그러므로 우리는 꾸준하게 앞으로 밀고 나아가야 한다. 이제껏 성취한 것보다 앞으로 성취할 것들이 훨씬 많다. 발전을 구성하는 요소는 대부분 발전하고픈 욕망에 기인한다.

여기서 세네카는 우리가 살면서 또 어떤 목표에 도전할 때 꾸준히 발전하려면 열의 혹은 열정적 헌신이 중요하다고 인정하고 있다. 심지어 그는 "발전을 구성하는 요소는 대부분 발전하고픈 욕망에 기인한다"고 주장한다. 우리 의욕을 부추기는 긍정적인 욕망을 품지 않으면, 목표를 정하고 자신감을 구축하고 계획을 수립하는 모든 노력이 그저 공허하고 무익한 연습으로 끝나버릴 수 있다. 영혼은 열정이라는 연료가 필요하기 때문이다.

스토아 철학자가 열정을 긍정하는 모습을 이상적으로 그린다면 아마 이런 형태가 아닐까. 인간은 이성을 적절히 사용할 때 직관 능력을 통해, 우리가 추구할 수 있고 또 추구해야만 하는 최고선을 인식할 수 있다. 그리고 최고선을 포착한 목표를 제대로 세웠을 때 인간은 존재 전체를 움직일 수 있는 감정적 동기를 얻게 된다. 세네카는 이렇게 주장한다.

> 선은 정신을 격려하여, 어찌 보면 육신에 없어서는 안 될 중요한 요소를 빚고 수용하게 한다.

우리가 추구하는 선은 정신적으로나 육체적으로 우리를 격려한다. 잠시 생각해보자. 지고의 선을 좇는 사람은 흥분이 되어 아침에 더 일찍 일어나고 싶은 마음이 들고, 발걸음도 가볍고, 정신은 초롱초롱해지고, 몸 전체에 활력이 솟구칠 것이다. 이와 달리 그저 그런 목표를 좇는 사람은 정신적으로나 육체적으로 나른함을 자주 느끼곤 한다. 그런 까닭에 공적인 것이든, 사적인 것이든 어떤 목표를 설정하고 계획을 수립할 때는 자기 자신은 물론 타인에게도 자신의 목표와 자신이 신봉하는 선한 가치 사이에 긴밀한 연관성이 존재한다는 사실을 이해시키는 작업이 무척 중요하다. 플라톤의 말을 빌리자면, 선한 것은 진실하고, 아름답다. 선을 추구할 때 우리의 열정은 끓어오른다.

세네카의 설명을 들어보자.

> 숭고한 영혼에게서 보이는 가장 탁월한 자질은 바로 고귀한 가치에 그 영혼이 고무된다는 것이다.

주목할 만한 주장이다. 스토아 철학자들이 보기에 숭고한 영혼에게서 보이는 가장 탁월한 자질은 놀랍게도 이성이 아니라 '고귀한 가치에 그 영혼이 고무되는' 역량이라는 것이다. 스토아 철학자들은 고귀한 목표를 달성하기 위해 우리가 실천하는 노력이나 그 중요성에 감정적으로 몰입해야 한다고 말하지 않는다. 그렇다면 그들이 말하는, 고귀한 목표에 그 영혼이 고무되는 상태란 어떤 것일까?

자기가 하는 일에 고귀함을 느끼는 것은 사적인 영역에서나 공적인 영역에서 지속적으로 사기를 북돋워주는 유일한 원천이라고 할 수 있다. 이 같은 자부심은 목표를 달성하는 데에도 중요하고 우수한 성과를 유지하는 데에도 중요하다. 그러나 세네카는 숭고한 영혼이나 고귀한 목표에 몰입한 개인은 오만하지도 않고 자신이 행한 일에 대해 젠체하지 않는다고 곧바로 덧붙인다. 여기서 우리가 얘기하는 고귀한 몸가짐은 겸양과 완벽하게 양립이 가능하다. 더 나아가 세네카는 이렇게 얘기한다.

> 숭고한 영혼과 오만한 영혼 간의 차이는 무척 크다.

세네카는 성공하는 인생을 일구는 모든 여정은 지혜와 미덕을 추구하는 과정이라고 여기고, 또한 지혜와 미덕을 추구할 때에만 이룰 수 있는 선을 추구하는 과정이라고 생각한다. 우리가 지상에서 거쳐야 하는 모험의 본질을 성찰할 줄 아는 사람은 내면에서 솟아나는 열정에 따라 움직인다. 그는 친구에게 이렇게 얘기한다.

> 나는 내 임무가 어떤 것인지 완벽하게 이해한다. 그것은 내가 욕망하는 것이고, 내가 온 마음으로 소망하는 것이다. 그대의 영혼 역시 지극한 미덕에 고무되어 크나큰 열정을 품고 그곳을 향해 길을 서두르고 있음을 나는 안다.

　결국 세네카도 파스칼처럼 감성의 중요성을 어느 정도 인정하고 있다. 우리는 살면서 이성은 물론 열정의 부름에도 응답해야 하는 것이다. 감성과 이성은 함께 작동해야 한다.

　우리의 행위는 모두 무한한 선과 무한한 진리에 봉사해야 한다는 것, 바로 이것이 우리가 받은 소명이다. 우리가 맡은 어떤 일의 속성이 고귀하다는 사실은 그것만으로도 그 일에 몰두하고 헌신할 수 있는 의욕을 북돋우는 힘이 있다. 행복하고 좋은 인생을 영위할 수 있는 내면을 구축하려면 이성은 물론 올바르게 인도를 받은 열정도 필요하다.

결정을 앞두고 흔들리고 있다면

행복하고 좋은 삶을 살려면 인격과 미덕을 먼저 갖추는 일이 중요하다고 스토아 철학자들은 한목소리로 강조했다. 세네카 역시 같은 입장으로 성공이란 선한 인격과 도덕적 자질을 갖추었을 때 얻는 결과물이지 이런 자질은 논외로 한 채 성공만을 추구해서는 안 된다고 주장했다. 그는 이렇게 조언한다.

선한 사람으로 평가될 때에만 훌륭한 사람으로 평가되는 것, 이를 목표나 이상으로 삼는 것은 좋은 일이다.

세네카에게 도덕적 인격은 좋은 인생을 영위하는 데 있어 중요한 문제다. 그는 노예에 관한 얘기를 하면서 이렇게 말한다.

> 나는 사람들을 평가할 때 그들이 하는 일이 아니라 그들의 인격에 따라 판단한다.

하지만 이는 원론적인 얘기이고, 스토아 철학 관점에서 보면 신분 고하를 막론하고 모든 사람은 외부 환경에 따른 처지보다는 그들 내면의 인격에 따라 평가받아야 한다.

세네카가 남긴 작품을 보면 선행이나 선한 인격을 칭송하는 글도 많지만 악행을 힐난하는 글도 많다. 선대의 위대한 철학자들과 견해를 함께하는 세네카는 비윤리적 행위는 악할 뿐만 아니라 자멸적인 것이라고 규정했다. 그는 이렇게 말한다.

> 우리가 악행을 저지르면 그 해악의 극히 일부가 이웃에게 흘러간다. 해악 중의 최악, 이런 표현을 사용해도 된다면, 알짜배기는 잘못을 저지른 그 사람의 집에 남아 그를 괴롭힌다.

비윤리적인 사람은 자기 자신을 나쁜 사람으로 만들고, 스스로 자기 환경을 나쁘게 조성하게 된다. 아리스토텔레스가 이미 경고했듯이 남을 안 좋게 대우하면 그 대가로 혹시 그 사람이 자기에게 해코지는 하지 않을지 늘 염려할 것이 틀림없다. 세네카는 이렇게 말한다.

> 마음의 안식을 누리는 데 가장 크게 기여하는 것은 절대 악행을 저지르지 않는 것이다. 자제력이 부족한 사람들은 마음이 뒤숭숭하고 심란한 삶을 살아간다. 죄악을 저지른 사람은 두려움을 불러들여 결코 마음의 안식을 얻지 못한다.

인생에서 순탄한 길을 가고 싶다면 우리의 모든 행위가 계산되고 있다는 사실을 한순간도 망각해서는 안 된다. 아무리 사소한 행동이나 의사결정이라도 도덕적 관점에서 면책 받을 수는 없다. 무의미한 행위는 하나도 없다. 세네카의 말을 들어보자.

> 자세히 살펴보면 모든 행동이 중요하다. 아주 사소해 보이는 일들도 인격을 평가하는 근거가 된다.

신분과 태생에 상관없이 어디서나 도덕적인 사람을 발견할 수 있는 이유는, 미덕은 누구나 소유할 수 있기 때문이다. 세네카는 이렇게 말한다.

다른 것들은 신분과 태생에 따라 소유 정도가 크게 달라지지만 미덕만큼은 모든 이가 소유할 수 있다. 미덕의 신은 그 사람이 스스로 자격이 없다고 여기지 않는 한 그 사람을 가치 없다고 판단하지 않는다.

인격이 그렇게 중요하고 미덕이 원칙적으로 우리 모두 소유할 수 있는 것이라면, 또 안정되고 지속적인 성공을 거두기 위한 유일한 기반이 도덕적 행동이라면, 자연히 이런 질문이 떠오를 것이다. 어떻게 하면 도덕적으로 민감하게 반응하며, 인격을 깊이 있게 도야할 수 있는가? 내면의 자아를 계발하는 일을 중시했던 세네카는 이 물음에 대한 답을 갖고 있었다. 그는 먼저 이렇게 말한다.

우리 정신을 이롭게 하고, 악에 동요하기 쉬운 우리 정신을 올곧게 교정하는 데 선한 사람들과 사귀는 것보다 더 좋은 길은 없다. 그들이 하는 행동을 자주 관찰하고 그들이 하는 말을 자주 들으면 깊이 느끼는 바가 있어 강력한 영향을 받게 된다.

우리는 주변 사람들을 닮는다. 이는 여러 문명의 현자들이 모두 인정하는 보편 진리다. 세네카 역시 우리가 선한 사람들과 교제해야 한다는 답을 제시한다.

물론 그 과정에서 사람들은 서로 자기 자신의 모습을 발견하는 유익함을 얻는다. 세네카는 두 방면으로 이에 필요한 조언을 제공한다.

> 당신을 더 나은 인간이 되게 해줄 사람들과 교제하라. 그리고 당신이 도움을 줄 수 있는 사람들을 환영하라. 이 같은 교제는 상호 호혜적이므로 상대에게 가르침을 주면서 동시에 상대로부터 배운다.

성인과 현인들을 찾아 그들을 본받기만 해서는 안 되고, 우리 자신이 덕을 갖추고 타인에게 미덕을 가르칠 준비도 해야 한다.

이 같은 조언은 모든 주제로 얘기를 하면서도 윤리적 주제는 기피하는 오늘날의 여러 비즈니스 현장에서는 신선한 충격일지 모른다. 현대인은 모든 행위를 숫자로 표현하고 숫자에 관해 여러 가지 전술과 기법을 가르치지만, 정작 인생의 근본 문제에 관련해서는 뭔가 가르치거나 배우는 일을 멋쩍어 한다. 결국 현대인은 자기 자신은 물론 타인에게서 소중한 배움의 기회를 빼앗고 있는 것이다. 우리가 살면서 의식적으로 혹은 일상 대화에서 윤리적 주제라든가 도덕성 문제를 포함시키기만 해도 여러 미덕을 함양할 수 있다.

자신이 본받을 만한 도덕적 영웅이 있어야 한다고 세네카는 생각한다. 우리 주변에 있는 사람도 좋고 시공간적으로 멀리 떨어져 있는 사람도 상관없다. 우리에게 감동을 주는 선한 사람들의 미덕을 지켜보고 모방해야 한다. 본보기를 설정함으로써 우리는 자신이 바라보는 대상을 닮아가는 법을 배운다. 세네카의 말을 들어보자.

당신을 위해 도덕적 영웅을 선택하라. 살아온 삶과 언행, 얼굴이 모두 마음에 드는 사람을 선택하고 당신의 수호자이자 도덕적 본보기로 항상 그를 떠올려보라. 우리는 모두 자신의 성질을 다스리는 데 도움을 받을 수 있는 귀감이 필요하다. 반듯한 자가 없으면 굽은 것을 교정할 수가 없다.

또 그는 철학자 에피쿠로스의 말을 인용해 이렇게 말한다.

인격이 훌륭한 사람을 흠모하고 늘 그를 생각하라. 그리고 그가 당신을 지켜보고 있는 것처럼 생활하고, 그가 당신의 모든 행동을 지켜보고 있는 것처럼 자신을 규제하라.

상기한 두 조언은 존경할 만한 인격을 지닌 사람을 시각화하고 자신의 내면을 다스리는 본보기로 활용하는 방법과 관련해 두 가지 처방을 내린다.

모방하라.

규제하라.

남성이든 여성이든 자신이 존경하고 본보기로 삼은 멘토의 도덕적 인격을 모방하고, 어떤 문제의 결정을 내릴 때 그 본보기의 의도를 파악하고 그에 따라 자신을 규제해야 한다. 여기서 세네카는 인생을 살아가는 데 있어 누군가를 머릿속에 각인하거나 모방하는 일이 얼마나 강력한 효과를 지녔는지를 인정하고 있다.

도덕적으로 성장하는 방법의 일환으로 자신이 깊이 흠모하는 특정인의 행동과 태도를 모방하고, 그 사람이라면 자신이 처한 상황에서 어떻게 행동할지를 생각해보고 그대로 따르라고 세네카는 조언한다. 또한 세네카는 에피쿠로스의 말을 인용하면서, 우리가 어떤 결정을 내릴 때마다 자신의 도덕적 영웅이나 표본이 되는 인물은 과연 우리가 내린 결정에 대해 어떤 생각을 할지 자문하면서 자신을 규제해야 한다고 제안한다.

이 두 번째 방법은 말하자면, 윤리적 의사결정을 위한 '평판 테스트'라고 생각하면 된다. 내 행동과 계획이 신문 일면에 실릴 것을 알았다면 나는 어떻게 했을까, 배우자나 자녀, 혹은 내가 가장 존경하는 스승이 내 행동과 계획을 죄다 알게 된다고 가정하면 나는 어떻게 할까, 자문하는 것이다. 또 다른 문헌에서 세네카는 이렇게 주장한다.

> 신이 당신을 지켜보고 있다고 생각하면서 생활하고, 사람들이 다 듣고 있다고 가정하고 신과 대화하라.

윤리적 문제가 연계된 의사결정을 내릴 때 우리는 도덕적으로 가장 완벽한 존재가 우리를 늘 지켜보며 판단하고 있다고 생각해야 한다. 그리고 우리가 신에게 기도할 때에도, 우리의 기도 내용이 모든 사람에게 들린다고 가정해야 한다. 이는 매우 흥미로운 이중 검증 방식으로 세네카는 사람들 사이에 있을 때나 혼자 있을 때에도 몸가짐을 단정히 하도록 권장한다.

도덕이란 인지 가능한 상황에서 우리가 해야 할 일과 하지 말아야 할 행위를 규정하는 복잡하고 어려운 수많은 규칙이라고 사람들은 흔히 생각한다. 매순간 윤리적으로 이러지도 못하고 저러지도 못하는 딜레마에 봉착한다고 생각하는 현대인들은 공적 영역과 사적 영역에 공히 적용할 수 있는 보편 규범을 정하는 것이 애초에 불가능하다고 생각하는 경향이 있다. 하지만 세네카는 도덕적 삶의 기준이 그리 복잡하지 않다고 생각한다. 그는 이렇게 결론짓는다.

> 내가 하는 말의 골자는 윗사람에게 대우받고 싶은 것처럼 아랫사람을 대우하라는 것이다.

물론 이 말은 남에게 대접받고자 하는 만큼 남을 대접하라는 그 유명한 황금률을 연상케 한다. 정계에 오랫동안 몸담으면서 그 위계질서를 잘 알았던 세네카는 윗사람과 관계를 맺는 방법에 관해 그 누구보다 유용한 조언을 해줄 수 있는 위치에 있었다. 대다수 사람은 자신의 직업이나 생활 기반에 긍정적인 영향을 끼칠 만한 높은 위치에 있는 사람들을 어려워하고 자연스럽게 그들을 공경한다. 그런데 예리한 우리의 상담사인 세네카는 오히려 우리가 눈을 아래로 돌려 우리에게 의존하는 사람, 우리 밑에서 일하는 사람, 우리에게 보고해야 하는 위치에 있는 사람들을 어떻게 대우해야 하는지를 설명한다. 우리보다 높은 자리에 있지 않은 주변 사람들을 어떻게 대우해야 하는가? 사회적으로 지위가 동등하지 않다고 볼 수 있는 주변 사람들에게 우리는 어떻게 행동해야 하는가? 그들 입장에서 생각해보고, 윗사람들이

우리를 대우하기를 바라는 모습 그대로 우리가 그들을 대우해야
한다는 것이 세네카의 지론이다.

황금률이 종속적인 위치에 있는 자신을 돌아보게 만든다면 세
네카의 조언은 반대로 우리보다 종속적인 위치에 있는 사람들
을 돌아보게 만든다. 그리고 이 같은 전략은 인생에 대한 큰 그림
을 강조하는 세네카의 관점과 밀접하게 연계되어 있다. 세네카
에 따르면, 우리는 사회적 신분이나 권력의 장벽을 넘어 궁극적
으로는 모두가 호혜적인 관계에 놓여 있다. 광대무변한 우주적
관점에서는 서로가 서로에게 의존한 상태라는 것이다. 자기만을
중히 여기는 개인주의는 우리 시대를 지배하고 있으며 현대인에
게 도덕은 너무 어렵고 무거운 짐이 되고 있다. 세네카는 개인주
의에 반대하며 이렇게 썼다.

> 개인 한 사람에게만 해당하는 행운이나 불운 같은 것은 없다.
> 우리는 공동체다. 자기 자신만 생각하고 모든 것을 자기 이익의
> 관점에서만 생각하는 사람은 어느 누구도 행복하게 살 수 없다.
> 자기를 위해 살고 싶은 사람은 이웃을 위해 살아야 한다.

그는 시각적 비유를 들어 이렇게 썼다.

우리가 다른 사람들과 맺는 관계는 석교와 같아서 돌들이 서
로 지탱하지 않으면 무너지듯이, 서로가 서로를 지탱해야 유
지된다.

이것이야말로 우리가 함께 사는 이웃과 연대하고 협동하기 위
해 필요한 형이상학적이고 도덕적인 비전이다. 인간이 상호 의
존해야 한다는 것은 엄숙한 사실이며, 또 이는 타인을 대할 때 우
리 태도와 행동 방향을 가리키는 윤리도덕으로서 우리 삶을 지
배해야 한다.

나는 인류에게 필요한 하나의 대원칙, 요컨대 인간관계에서 우
리가 지켜야 할 의무와 관련해 한 가지 원칙을 세울 수 있다. 그
대 눈에 보이는 모든 것, 신과 인간을 둘러싸고 있는 모든 것은
하나라는 것. 우리는 모두 하나의 거대한 몸을 이루는 부분이라
는 것이다.

우리가 얼마나 인생을 성공적으로 살았는지 생각하고 평가할
때는 늘 이 원칙을 유념해야만 한다.

진지한 사람이 되기 위해
우울할 필요는 없다

The Wisdom of
Seneca

여러 고대 철학자들과 마찬가지로 세네카 역시 지속 가능한 성공을 위해서는 목표를 실현해 나가는 과정이나 여정을 즐거워하는 법을 익혀야 한다고 생각한다.

너무나 많은 사람이 성공에만 시선을 고정한 나머지 역설적이게도 성공에 이르기까지의 과정을 맘껏 즐길 수 있는 가능성을 훼손하고 있다. 그들은 미래의 불확실한 보상을 위해 현재 누릴 수 있는 삶의 질을 희생하고, 현재를 즐기기 어렵게 만드는 감정과 사고에 매몰되어 있다. 물론, 장기적 이익을 바라보면서 수시로 자기를 희생하고 자기를 단련할 줄도 알아야 한다. 하지만 이

는 우리가 세상에 있는 동안 가능한 한 현재를 즐겨야 한다는 원
칙이나 자신이 헌신한 목표나 좋은 미래를 위해 필요한 규율을
실천하는 자세와 얼마든지 양립이 가능하다. 세네카는 우리에게
이렇게 경고한다.

> 주변 사람들을 한 사람 한 사람 살펴보고, 인간을 측량해보라.
> 내일을 바라보지 않은 사람은 아무도 없다. 그대는 "그것이 무
> 슨 해로운 일인가?"라고 물을 테다. 하지만 거기에는 막대한 해
> 악이 있다. 항상 미래에 살려고 준비할 뿐 현재를 살지 않기 때
> 문이다.

인생에 있어 올바른 성공이란 삶의 여정에서 거치는 단계마다
가능한 한 즐기며 사는 과정에 있다. 미래를 대비한 계획이 현재
의 삶을 대체하도록 허용해서는 안 된다. 미래에 대한 희망 때문
에 현재를 누릴 즐거움을 유예할 수는 없다.

또 한 가지 문제는 미래에 닥쳐올지 모르는 곤경 때문에 현재
를 즐길 수 없다고 생각하는 사람들도 너무 많아 보인다는 것이
다. 세네카는 이를 지혜롭지 못한 사고방식이라고 지적한다.

> 언젠가 불행해질지 모른다는 염려 때문에 현재에 만족하지 못

하는 것은 참으로 어리석은 짓이다.

'카르페 디엠!*Carpe Diem*' 현재를 즐겨라! 현재를 즐길 줄 아는 마음가짐은 미래의 성공을 일굴 수 있는 튼실한 기반이다. 이런 말을 들으면 사람들은 "지금 이 순간을 즐기기에는 문제가 너무 많은데요?"라고 되묻기 일쑤다. 하지만 좋은 일을 모조리 앗아갈 만큼 괴로움만 가득한 경우는 없다. 그것이 스토아 철학자들의 견해다. 문제에 직면하면 과거 힘들었던 시절에 그래도 좋았던 기억을 떠올리면서 마음을 새롭게 다지고 위기를 극복할 줄 알아야 한다. 아무리 힘겨운 시기이고 아무리 어려운 과제에 도전할 때에도 우리가 즐길 수 있는 재료는 늘 있기 마련이다. 스토아 철학자들에 따르면, 대단한 것이든 하찮은 것이든 그런 재료를 찾아내 즐길 수 있는가 없는가는 우리에게 달렸다.

현명한 사람들은 예외 없이 알고 있는 사실이지만, 일과 놀이는 서로 대립되는 것이 아니다. 진지한 사람이 되기 위해 우울해질 필요는 없다. 세네카는 이렇게 설명한다.

소크라테스는 어린아이들과 노는 것을 부끄러워하지 않았다.

우리는 너무 많은 야망을 짊어지고, 너무 많은 것을 걱정하고,

두려워하고, 너무 많은 것에 실망한다. 어떤 마음가짐으로 살고, 어떤 경험을 하고, 우리를 저지하는 모든 부정함으로부터 자신을 해방시키고 지상에서 얻은 이 순간을 충실히 받아들이는 문제는 순전히 우리가 책임져야 할 문제다. 세네카는 이렇게 말한다.

> 당신이 직면한 나쁜 일들을 끔찍하게만 보지 말고 가벼이 여긴다면 어떤 인생에서든 즐거움과 휴식, 쾌락이 있음을 알게 될 것이다.

우리가 피할 수 없는 나쁜 사고 혹은 불운이 크나큰 고통을 안겨주는 원천이 되느냐, 단지 살면서 직면하는 흔한 난관에 지나지 않느냐 하는 것은 우리의 결정에 달렸다. 당신은 날마다 어떻게 반응하고 있는가? 무엇에 집중하고 있는가? 마음의 문만 열면 우리 인생에는 언제든 찾을 수 있는 쾌락, 휴식, 소소한 즐거움이 있다. 물론 지극한 즐거움도 찾을 수 있다. 그리고 이런 즐거움은 결과적으로 가치 있는 꿈을 달성하는 데 유용한 재료가 된다.

참으로 모순되게 들리겠지만, 성공을 붙잡으려고 너무 많이 버둥거릴수록 우리가 원대한 꿈을 달성할 가능성은 되레 낮아진다. 인간의 정신은 긴장을 풀고 평정한 정신을 유지할 때 비로소 직관적이고 창의적일 수 있으며 자신의 잠재력을 최고로 끌어올릴 수 있다. 우리 영혼의 치료사인 세네카는 이렇게 말한다.

> 정신은 휴식을 취해야 한다. 긴장을 풀고 나면 정신이 더 명료
> 하고 정교해진다. 비옥한 땅이라고 해서 쉬지 않고 경작하면 안
> 되듯이 — 휴경 없이 생산성을 지나치게 추구하다가는 토지가
> 곧 황폐해지듯 — 쉼 없는 노동은 우리 정신을 무디게 만들 것
> 이다. 하지만 긴장을 풀고 잠시 휴식을 취하면 그 힘을 회복한
> 다. 고되게 정신을 쓰면 마음에 피로가 쌓이고 활기를 잃는다.

열여섯 시간, 열여덟 시간 노동이 성공하는 데 꼭 필요한 조건
은 아니다.

> 우리는 늘 정신이 상하지 않도록 보살펴야 하고, 정신에 양식을
> 공급하고 힘을 줄 여가시간을 간간이 제공해야 한다. 또한 밖에
> 나가 거닐며 신선한 공기를 마시면서 기분을 전환하고 정신에
> 원기를 불어넣어야 한다. 때때로 마차를 타고 짧은 여행을 다녀
> 오거나, 장소를 바꾸고, 유쾌한 친구를 만나 마음껏 술을 마시
> 는 것만으로도 새롭게 원기를 회복할 수 있다.

산보를 다녀오든, 시원한 음료를 마시든, 식사를 느긋하게 하

며 맛을 충분히 음미해보든, 친구들과 어울려 극장이나 클럽에 가든, 자전거를 타고 어디든 한 바퀴 돌아보라. 마음껏 즐겨라! 원기를 회복하라! 휴식을 취한다는 것은 단순히 자신이 하는 일에서 벗어나는 것이 아니라 자신의 목표를 향해 나아가는 과정 그 자체로 여겨야 한다.

이제 막 치열한 경쟁에 뛰어들어 성공을 향해 달려가는 젊은 친구, 나이가 나이인 만큼 미래에만 시선을 고정한 채 일벌레가 될 위험성이 높은 친구에게 세네카는 이렇게 조언한다.

> 친애하는 루킬리우스, 그대가 할 일은 다름이 아니라 기뻐하는 법을 배우는 것일세.

그는 또 이렇게 덧붙인다.

> 기쁨이란 자신이 내면에 소유한 미덕의 선함과 진실함을 신뢰하는 영혼이 한껏 고양된 상태다.

기쁨은 마음속에서 솟아난다. 그것은 자기 내면의 자질인 지혜와 미덕, 재능, 잠재성의 본래적 가치에 의존하는 정신의 반응이다. 내면의 자질이야말로 누구도 건드릴 수 없는 진정한 재산이다. 진정한 기쁨은 외부 세계에 의존하지 않으며, 영혼의 풍요로움을 세상에 반사하는 것뿐이다. 크게 기뻐할 줄 아는 사람은 내면의 자아가 강한 사람이다. 이러한 사람은 외부 세계에서도 위대한 업적을 이룰 가능성이 높다.

기쁨은 행복한 삶을 사는 데 있어서도, 진정 위대한 업적을 달성하는 데 있어서도 중요한 요소다. 삶의 질과 그로 인해 우리가 경험하는 모든 것은 기본적으로 우리 자신에게 달렸다고 세네카는 절대적으로 확신한다. 우리 주변에서 무슨 일이 일어나든 우리에게 필요한 자원은 모두 우리 안에 있다. 세네카는 이렇게 설명한다.

> 영혼은 그 어떤 운명보다 강하다. 영혼은 그 스스로 어느 방향으로든 일을 진행하고, 행복한 삶도, 불행한 삶도 자신이 지닌 힘으로 낳는다.

그리고 영혼의 의사인 세네카는 우리 모두에게 지혜와 미덕을 얻기 위해 힘써 내면을 갈고 닦으라고 처방한다. 지혜와 미덕을 함양할 때 우리가 원하는 양질의 삶을 획득하고 이 놀라운 세상에서 우리가 마땅히 경험해야 할 삶을 영위할 수 있다.

† 일러두기

2부 에픽테토스 편에 실린 인용문은 하버드 대학 출판사에서 발행한 로브 고전총서 에픽테토스 편The Loeb Classical Library Volumes of Epictetus에서 W. A. 올드파더W. A. Oldfather가 번역한 《어록Discourses》 I-II권과 《어록Discourses》 III-IV권, 《엥케이리디온Encheiridion》에서 발췌하였다.

Ⅱ

자유 의지의 수호자, 에픽테토스

The Wisdom of Epictetus

가치 있는 삶에 관해
에픽테토스가 들려주는 조언

우리는 모두 노예나 다름없다

The Wisdom of
Epictetus

에픽테토스 Epictetus는 노예였다. 하지만 그는 사람들이 대부분 노예나 다름없다고 생각했다. 우리는 유행에 구속당한 노예이고 친구나 친척, 이웃사촌의 생각에 좌우되는 노예이며, 고용주에게 부림당하고 직장 동료에게 끌려다니는 노예이고, 주식시장에 발이 묶인 노예다. 우리는 돈에 전적으로 의지하는 생활방식의 노예, 심지어 돈을 엄청나게 벌어도 생활이 여전히 자유롭지 못한 노예다.

일감에 치여 온종일 골치가 아프고, 특별히 성취하는 것도 없이 그저 분주하게 지내며 온갖 것에 주의를 빼앗긴다. 우리가 소비하고 있는 시간은 우리 것이 아니다. 우리가 추구하는 가치 중에는 스스로 선택하지 않은 것들도 있다. 우리는 미래를 걱정하며 자녀를 위한 계획을 세우고, 우리 자신을 위한 계획을 세운다. 사람마다 차이는 있겠지만 현대인이 느끼는 행복과 안녕은 우리가 통제할 수 없는 외부 요소에 의존하고 있다. 우리는 건강과 평안, 행운을 얻기를 갈구하고 질병과 재앙, 죽음을 급작스럽게 만날까봐 두려워한다.

에픽테토스는 우리를 구속하는 모든 세력으로부터 해방되어야 한다고 생각한다. 그리고 스토아 철학의 안내를 받으면 우리가 자유를 얻을 수 있다고 확신했다.

에픽테토스에게 스토아 철학이 알려주는 삶의 기술, 곧 내면의 회복 탄력성을 얻는 기술은 그저 지적 호기심의 대상이 아니다. 그것은 거센 풍랑과 파도에서 살아남기 위한 구명조끼였다. 그것이 있으면 수많은 문제의 파도에 휩쓸리지 않고 저 멀리 떨어진 자유와 평안의 해안에 무사히 다다라 위대한 철학적 지혜를 얻을 수 있다. 또한 이것이야말로 인간이 달성해야 할 진정한 목표라고 에픽테토스는 생각했다.

에픽테토스의 생애에 대해서는 상세히 알려져 있지 않지만, 그의 생애가 평범치 않았다는 것만은 분명하다. 에픽테토스는 서기 55년경 세상에 태어나 135년경 사망했다. 그는 히에라폴리스(지금의 터키)에서 노예로 태어났고, 로마에서 네로 황제의 개인 경호원이었던 에파프로디투스^{Epaphroditus}를 섬겼다.

당시 노예를 거느린 상류층에서는 자신들이 부리는 노예를 학교에 보내 여러 가지 기예와 학문을 익힌 전문가로 키우는 것이 유행이었다. 에파프로디투스도 이런 풍조에 따라 에픽테토스를 학교에 보내 그 당시 유명한 스토아 철학자인 무소니우스 루푸스^{Musonius Rufus}에게 철학을 배우도록 했다. 스토아 철학의 관점은 에픽테토스의 마음에 부합했다.

스토아 철학을 공부하면서 에픽테토스는 내면을 들여다보았고 자기 안에 있는 진정한 힘을 발견했다. 스토아 철학 안에서 그는 인간이 지닌 진정한 위대성을 발견했고 통념에서 벗어나 자유롭게 생각할 수 있었다. 스토아 철학은 우리 삶에서 가장 중요한 가치를 우리에게서 빼앗아 구속하고 통제할 수 있는 사람은 아무도 없다는 사실을 증명해 보였다. 그리고 인간이 추구해야 할 최고선에 어떻게 이르는지 그 길을 보여 주었다. 다시 말해, 내면의 자아를 갈고 닦아야 한다는 것, 어떤 외부 상황에도 평정을 잃지 않는 마음, 그리고 어떤 어려움과 고통을 겪더라도 존엄성을 잃지 않고 이에 맞서는 영혼의 미덕을 쌓아야 한다는 것을 깨달았다.

에픽테토스에 대해 잘 알려진 사실은 몇 가지 더 있다. 자세한 연유는 모르지만 에픽테토스는 일찍부터 다리를 절게 되었다고 한다. 나중에 그는 노예 신분에서 풀려나 철학 교사가 되었다. 평생을 대부분 홀로 지냈으며 재산은 거의 없었다. 서기 89년, 도미티아누스 황제가 철학자들을 모두 로마에서 추방시켰을 때 에픽테토스는 해안가인 니코폴리스로 옮겨 비공식으로 철학 학교를 열었는데 오랜 세월 동안 정치적 거물을 비롯해 심지어는 차기 황제까지 수많은 사람이 이곳을 찾았다. 에픽테토스는 말년에 어느 가난한 부부가 내버린 아기를 입양했다. 그리고 그가 알고 지낸 한 여인을 보모로 들여 그 아기를 돌보게 했다.

우리의 철학적 안내자인 에픽테토스는 학생들이나 방문객들과 날마다 왕성하게 대화를 나눴지만, 그가 후대를 위해 자신의 사상을 글로 적어 남긴 적은 없다. 아리아누스^{Arrianus}라는 통찰력 있고 유능한 젊은이가 그 대화들을 기록으로 다량 남긴 것은 우리에게 퍽 다행스러운 일이다. 훗날 아리아누스는 알렉산더 대왕의 전쟁을 서술한 책으로 학자들에게 이름을 알린다. 아리아누스가 에픽테토스의 사상을 기록해 정리한《어록^{Discourses}》은 8권으로 에픽테토스와 상대방이 나눈 대화가 생생하게 담겨 있다. 전체 8권 가운데 현재는 4권이 보존되어 우리에게 전해지고 있다. 또 아리아누스가 그의 스승에게 배운 지혜의 정수를 요약한《엥케이리디온^{The Encheiridion}》도 우리 곁에 남아 있다.

에픽테토스가 나눴던 대화와 지혜의 잠언들을 보면 그는 인간 정신을 해방시키는 데 전념한 철학자로 보인다. 그는 직설적인 화법으로 민감한 주제들을 다루고 어떨 때는 한창 논쟁이 달아오를 때 유머를 사용해 좌중을 놀라게 한다. 에픽테토스는 삶을 사랑하는 스토아 철학을 전파하는 진정한 전도사였다. 그는 우리에게 희망을 주고, 회유하고, 꾸짖고, 우리로 하여금 생각을 하게 만든다. 무엇보다도 그는 우리가 살아가는 방식을 바꿀 수 있기를 바랐다.

에픽테토스가 우리에게 전하는 말을 읽고 싶은 사람들은 우선 다음과 같은 도발적인 말들을 접할 마음의 준비를 해야 한다.

> 애당초 글을 읽기로 한 이유가 무엇인가? 대답해보라. 단지 심심풀이인가 아니면 새로운 지식을 배우고자 함인가? 그렇다면 당신은 어리석고 게으른 사람이다. 글을 읽어야 할 합당한 목적이라면, 평온하고 행복한 삶을 얻는 것 말고는 없다. 만일 글을 읽어 평온하고 행복한 삶을 얻지 못한다면 글을 읽는 것이 다 무슨 소용이겠는가?

에픽테토스는 우리가 행복하게 살도록 돕고 싶어 했다. 인간에게 가장 중요한 목표가 있다면 그것은 행복을 성취하는 것이라고 그는 믿었다. 에픽테토스가 우리에게 행복을 선물로 안겨

줄 수는 없지만 삶에서 행복을 얻으려면 무슨 변화가 필요한지
를 깨닫도록 도움을 줄 수 있었다. 그는 자신이 맡은 임무와 우리
가 할 일을 이렇게 설명했다.

> 이제 나는 당신의 선생이고 당신은 우리 학교에서 배우는 학생
> 이다. 내 목표는 이렇다. 당신을 온전하게 만들고, 속박과 충동
> 과 장애로부터 당신을 해방시키고, 당신이 자유와 풍요와 행복
> 을 찾고, 거창한 일이든 사소한 일이든 만사에 신을 찾도록 만
> 드는 것이다. 당신은 바로 이것을 배우고 실천하고자 여기에 있
> 는 것이다.

에픽테토스는 저명한 스승들에게 삶의 기술을 배웠다. 그리고
우리에게도 그렇게 하라고 권한다. 요즘에는 남의 말을 듣는 사
람보다는 자기 말을 하는 사람이 더 많다. 하지만 우리는 통찰력
있는 사상가들의 지혜를 귀담아 듣고 변화를 만들어낼 줄 알아
야 한다. 우리 주변의 인생 선배들 또는 에픽테토스처럼 자기보
다 앞선 위대한 사상가들의 지혜를 전달하는 사람들의 말에 귀
를 기울여야 한다. 그는 이렇게 강조한다.

> 자연은 우리에게 혀는 하나를 주었고, 귀는 두 개를 주었다. 그

래야 말하는 것보다 두 배나 더 타인의 말에 귀를 기울일 수 있

기 때문이다.

에픽테토스의 말을 듣고 있으면 늘 울림이 있다. 이 실용적인
사상가는 자신의 말에 귀를 기울이고 기꺼이 자신의 행동을 바
꾸려는 사람이라면 누구에게라도 자신의 통찰을 열정적으로 전
하고 싶어 했다.

아리아누스는 에픽테토스가 얼마나 큰 영향력을 끼쳤는지 직
접 증언했다. 경외심에 사로잡힌 이 학생은 《어록》의 서론에서
자신의 위대한 스승에 대해 이렇게 기록했다.

> 에픽테토스의 목표는 오로지 청자들의 마음을 움직여 가장 좋
> 은 것들을 바라보게 하는 것이었다. 만약 이 《어록》이 독자들의
> 마음을 움직인다면, 철학자들의 가르침에 마땅히 따르는 결과
> 를 체험할 것이다. 하지만 만약 이 어록을 읽고 마음이 움직이
> 지 않았다고 하는 사람들이 있다면, 에픽테토스의 말을 직접 들
> 은 청자들은 그가 원하는 모습으로 변하지 않고는 배길 수 없었
> 다는 사실을 말해주고 싶다. 여기 쓰인 어록이 그런 결과를 가
> 져오지 못한다면 그것은 순전히 내 잘못일 것이다. 그리고 어쩌
> 면 이는 불가피한 일이 아니겠는가.

아리아누스는 괜한 걱정을 했다. 그가 전한 글들은 수세기에
걸쳐 사람들의 삶을 변화시키고 있기 때문이다. 행복해지고 싶
어서 또 우리를 구속하고 주저하게 만드는 장애물을 벗어나 자
유를 얻고 싶어서 에픽테토스의 글을 읽은 사람은 누구나 영향
을 받을 수밖에 없다. 직접 대면하든 종이에 적힌 글로 만나든 간
에 에픽테토스가 전하는 스토아 철학만의 고유한 삶의 기술에는
이전과는 다른 만족스러운 방식으로 인생의 위대한 가치를 바라
보게 만드는 힘이 있다.

근심에서 자유로워지는 방법

The Wisdom of
Epictetus

미국에 있는 어느 단과대학 혹은 종합대학의 철학 수업 첫째 날. 당신은 강의실에 앉아 교수가 들어오기를 기다린다. 철학 수업을 들으면 유익하고 또 인생의 신비를 이해할 수도 있다는 말을 들은 터라 기대감에 잔뜩 부풀어 있다.

철학 교수가 등장한다. 추레하고 낡은 서류가방에 텁수룩한 턱수염, 결의에 찬 듯도 하고 어딘가에 몰두한 듯도 한 표정을 보니 철학 교수가 틀림없다. 그는 구깃구깃한 재킷에 주름진 카키색 바지, 단추를 잘못 끼운 셔츠에 흠집이 잔뜩 난 낡은 신발을 걸쳤다. 그는 가방을 책상 위에 올려놓고 땅이 꺼질 듯 한숨을 내쉬

더니 딱히 누구더러 들으라고 하는 것도 아닌 말투로 인사를 건넨다. "반갑습니다, 여러분. 내가 이번 학기를 책임질 철학 교수입니다." 그러고는 칠판에 무언가 적을 듯 몸을 돌리다가 잠시 멈추더니 다시 고개를 돌려 학생들을 바라보며 과장되게, 마치 깊은 상념에 잠긴 듯 이렇게 묻는다. "그런데 나란 존재는 무엇일까요? 여러분의 교수인 '나' 그리고 지금 여러분에게 말하고 있는 '나' 말입니다. 이 '나'는 누구, 무엇일까요? '나'라는 말의 뜻은 무엇일까요?" 그는 어리둥절한 얼굴로 턱수염을 긁적인다.

'나' 그리고 '우리'라는 말의 의미에 대해 영원히 끝날 것 같지 않은 무감각한 질문이 계속 이어지다가 교수는 '영혼'이라는 낱말의 뜻을 차근차근 살핀다. 그 사이사이 대학 당국의 멍청한 행정방식이며, 자신이 최근에 출판한 책 — 물론 학생들이 수업을 듣기 위해서는 모두 구입해야만 하는 책 — 에 담긴 심오한 연구를 순전히 시기심 때문에 인정하지 않는 아둔한 동료 교수들에 대한 얘기를 섞는다. 이렇게 48분간 철학 수업을 듣고 나서 강의실을 (어쩌면 영원히) 떠나려고 주섬주섬 짐을 챙기는데 첫날부터 머리가 지끈지끈 아프고 새삼스레 철학에 대해 절망이 밀려온다.

에픽테토스는 이런 식으로 수업을 진행하는 세상의 철학 교수들에게 아마 아래와 같이 묻고 싶지 않았을까.

그렇다면 청년들이 조국과 부모를 떠나 이 철학 교실에 온 까닭이 교사가 낱말 뜻이나 살피는 것을 듣고자 함인가? 그보다는 인내하고, 서로 돕고 살 수 있는 마음의 준비를 갖추고, 정념에서 해방되고, 근심 걱정에 흔들리지 아니하는 역량을 길러 인생을 항해하면서 어떤 일이 닥쳐도 거뜬히 견뎌내고, 그 가운데서 영예를 드높일 수 있도록 마음을 준비시켜야 하지 않겠는가? 그런데 교사가 이런 미덕을 갖추고 있지 않다면 어떻게 학생들에게 이런 미덕을 가르칠 수 있겠는가?

에픽테토스는 철학에 대해 매우 높은 기준을 갖고 있다. 철학은 진실하고 실용적이어야 한다. 실현 가능한 가장 고귀한 인생 비전을 제공해야 하고, 행복하게 잘 사는 법을 훈련시켜야 한다. 철학은 머리 좋은 것을 뽐내려고 부지런히 언어를 탐구하는 극소수만을 위한 전당이 아니다. 철학은 언어나 수사적 표현, 혹은 어떤 '주의'를 다루는 학문이 아니다. 특히 학점이나 교과서, 교수들의 재임 자격과는 전혀 상관이 없다. 철학은 영혼, 미덕, 자유, 행복을 다루는 학문이고, 이는 인간이 성취할 수 있는 최상의 가치다.

철학은 반세기가 넘도록 지식인들의 여흥거리 아니면 기껏해야 똑똑한 친구들과 파티를 즐길 때 자신을 과시할 수 있는 지적인 장식품 정도로 대접받곤 했다. 에픽테토스에게 철학을 배우러 온 사람들 중에도 단순한 호기심이나 기분 전환을 위한 새로운 오락거리쯤으로 여기고 온 사람이 많았다. 이 세상을 살아가는 데 있어 철학이 자신에게 반드시 필요한 배움이라는 생각은 꿈에도 하지 못하는 이들이었다. 그런 방문객을 맞으면 에픽테토스는 이런 독설을 내뱉었다.

당신은 내게 왔을 때 아무것도 필요치 않은 사람마냥 행동했소. 당신에게 없는 것이 무엇인지 상상도 할 수 없겠지. 당신은 부자에다 자식들이 있고, 아내도 있을 테고, 노예도 수없이 거느리고 있을 것이오. 황제도 당신의 이름을 알고, 로마에는 친구들도 많을 테고, 당신은 그들 모두에게 합당하게 대우할 것이오. 호의를 베푼 이에게는 보답하고 잘못한 자에게는 그만큼 되갚아줄 것이오. 과연 당신에게 무엇이 부족할까? 행복해지는데 꼭 필요하고 가장 중요한 것들이 당신에게 없다는 사실, 지금껏 당신은 마땅히 추구해야 할 것을 찾지 않고 그 나머지만을 추구해 왔다고 내가 지적한다면 어떻겠소? 설상가상 당신은 신에 대해, 사람에 대해, 또 선과 악이 무엇인지도 모르고 있다고 내가 비판한다면 어떻겠소? 어쩌면 당신은 이런 모든 문제에 대한 당신의 무지를 내가 지적해도 참아낼 수 있을 것이오, 하지만 만약 내가 당신에게 자기 자신에 대해 아무것도 모르는 사람이라고 비판한다면 당신이 나를 인내하고 여기에 남아 내 말을 경청할 수 있을까?

하지만 사람들은 그곳에 남아 그의 말을 경청했다. 에픽테토스는 방문객들이 직면한 문제들을 진단하고, 스토아 철학적 관점에서 처방을 내렸다. 하지만 그에게 철학 본연의 기능은 단지 듣고 배우는 것으로 끝나는 것이 아니었다. 철학에는 자신이 배운 것을 훈련하고 삶에 변화를 일으키는 과정이 수반된다. 우리는 생각만 다르게 할 것이 아니라 다르게 살아가야 한다.

특히 에픽테토스는 자신의 부족함을 알고 찾아오는 사람들을 반갑게 맞이한다. 사람들은 항상 인생의 특별한 의미를 찾아다닌다. 그리고 에픽테토스의 철학이 자신에게 유용한 조언을 들려주기를 희망하는 사람들에게 그는 이렇게 말한다.

처음 철학을 시작하려는 사람들이 제대로 문을 열고 올바른 길로 나아가려면 먼저 인생에서 우리가 겪는 불가피한 일에 관해 자신이 우매하고 무능력하다는 사실을 인지해야 한다.

철학의 뜻을 어원적으로 살펴보면 지혜를 사랑하는 것이다.

철학은 몸가짐이고, 활동이다. 삶을 이해하려는 데 헌신하는 태도이고, 그렇게 이해한 것을 삶에서 실천하는 행위다. 사람들이 철학을 하는 첫 단계는 '불가피한 일'을 제대로 다루기에는 자신이 부족하다는 사실을 겸허하게 인지하는 것이다. 우리는 자신이 욕구하는 것들에 관한 한 그 어떤 것도 불사할 만큼 적극적으로 행동에 나서기도 한다. 또 우리는 시급해 보이는 일에 너무 시간을 많이 투자하기도 한다. 시급한 일이라고 하지만 대개는 일터나 가정에서 날마다 또 매시간 처리해야 하는 사소한 일상 업무로 짜증을 유발하는 경우가 많다. 하지만 에픽테토스가 보기에 인간은 "불가피한 일에는 우매하고 무능력하다". 우리가 이 사실을 이해하고 인정할 때 진짜 철학에 이르는 문이 열린다.

이 불가피한 일이란 무엇인가? 우리가 세상을 살아가면서 어쩔 수 없이 만나는 어려움은 곧 낙담, 비애, 질병, 비극, 그리고 다가오는 죽음을 말한다. 우리는 이런 일들에 어떻게 대처하는가? 에픽테토스는 오직 철학만이 이 세상에서 경험하는 부정적인 상황에 올바로 대처하는 방법을 제시할 수 있다고 믿는다. 그가 우리에게 적절히 대처할 능력이 없다고 말한 부분은 부정적인 상황만이 아니다. 자신의 꿈을 실현하는 데 필요한 만족감이나 안정감, 여건에 상관없이 행복감을 주는 경험처럼 긍정적인 상황을 다루는 데 있어서도 우매하고 무능력하기는 마찬가지다. 그런 까닭에 우리는 늘 만족하지 못하고 미완성인 채로 살아가고, 인생을 돌아보면서 늘 어딘가 공허함을 느낀다. 하지만 이런 결핍감이 철학으로 향한 문을 두드리게 한다.

그러면 에픽테토스의 관점에서 철학이란 정확히 무엇인가? 근본적인 결핍을 인식한 우리들에게 그것은 무엇을 약속하는가? 행복으로 인도하는 우리의 안내자, 에픽테토스는 철학은 영혼의 치료제라고 믿는다. 철학자는 우리 영혼을 치유하는 의사이며 그 목적은 우리 건강을 되찾게 하는 데 있다. 이를 위해 철학자는 우리의 병든 신념과 가치를 절개하는 작업에 들어가야할 것이다. 우리에게 해를 끼치는 마음가짐과 몸가짐을 잘라내야 하는 것이다. 에픽테토스는 이렇게 설명한다.

> 여러분, 철학 학교는 수술실이오. 이곳은 쾌락이 아닌 고통을 느끼며 떠나는 곳이오.

우리가 여태껏 잘못 사고하고 감정적으로 부적절하게 대응했다는 사실, 잘못된 것을 소중하게 여기고 추구해왔다는 사실을 인정하는 일이 즐거울 리 없다. 훌륭한 철학자의 가르침은 자명종 소리 같아서 처음에는 단잠을 깨우는 불쾌한 소리로 들릴 것이다. 철학자가 처방한 방향으로 삶을 바꾸는 것도 처음에는 고통스러운 일일지 모른다. 그러나 성공적인 치료 과정에 뒤따르는 예후는 매우 긍정적이다. 철학을 통해 우리는 근심으로부터의 해방, 내면의 힘을 구축할 수 있는 새로운 여정, 진실하고 지속 가능한 행복에 이를 수 있다.

철학은 행복을 약속하지만, 사람들이 으레 행복을 추구하며 갈망하는 돈과 권력, 명예, 지위, 그 밖의 물질적인 소유물을 보장하는 공식을 제공하지 않는다. 이에 대해 에픽테토스는 분명하게 밝혔다.

철학은 외적인 것을 보장할 수 있다고 제안하지 않는다.

철학자의 제안은 우리가 기대하는 내용과는 많이 다르다. 그러니까 철학자는 영혼을 치료하기 위한 약제를 전문으로 다룬다고 말할 수 있겠다. 철학이 탐구하는 것은 에픽테토스의 말에 따르면 내면의 성공이다. 철학의 목표는 외부 세계가 우리 앞길을 가로막고자 어떤 장애물을 던져도 우리가 흔들리지 않고 성장할 수 있도록 해줄 세계관과 관점, 신념체계, 가치, 태도, 감정을 제시하는 것이다. 내면의 성공은 외적 성공을 이끄는 가장 좋은 기반이며, 사실 이것 자체가 에픽테토스가 궁극적으로 초점을 맞추고 있는 영역이다.

에픽테토스는 열병이나 조난, 지진, 벼락, 짝사랑, 슬픔, 질투
처럼 우리가 두려움을 느끼면서도 통제할 수 없는 여러 상황에
대해 언급한 적이 있다. 어떤 사람도 이 같은 불행에서 우리를 완
벽하게 보호해줄 수 없다. 그는 이렇게 말한다.

> 하지만 이런 괴로움에 직면했을 때조차 평안과 안정을 얻을 수
> 있다는 것이 철학자들의 가르침이다. 그러면 철학은 무슨 말을
> 하는가? 만약 당신이 내 말에 귀를 기울인다면, 당신이 어디에
> 있든 그리고 무엇을 하든 고통이나 분노, 충동, 장애를 느끼지
> 않을 것이며, 마음의 동요에서 벗어나 근심 없이 지낼 수 있을
> 것이다.

삶에 대한 혜안을 제공하는 스토아 철학자 에픽테토스는 내면
에 부富를 쌓은 사람으로, 주변에 있는 수많은 사람이 혼란에 빠
지거나 실제로 넋을 잃고 있을 때에도 평정을 잃지 않았다. 그리
고 우리가 설령 통제할 수 없는 난관을 만나도 진정한 행복과 풍
요를 경험하도록 창조되었다고 믿었다. 철학이 하는 일은 우리
가 이 세상에서 자기 본연의 임무를 달성하는 여정에서 만나는
장애물이나 방해물로부터 우리를 자유롭게 하는 것이다.

바닷속 물고기가 압력과 저항을 이기고 물살을 헤쳐 나가듯이

우리도 살아가는 동안 잦은 방해물을 만나 스트레스를 받는다. 우리는 자신의 뜻과 상관없는 조류에 휩쓸려 왔지만, 이 세상에서 적절한 임무를 완수하면서도 근심에서 자유로워지는 방법에 대해서는 거의 생각지 않는다. 우리가 좀 더 고상한 삶을 살고자 하는 지점에 이르면, 아직 저급한 삶에 붙들려 있는 우리 주변 사람들이 어떻게 반응할지 거기에 대처할 마음의 준비를 해야 한다. 에픽테토스는 이렇게 예견한다.

> 만약 당신이 철학에 흥미를 느낀다면, 그 순간부터 바보 취급을 받을 마음의 준비를 하라. 수많은 사람이 당신을 보고 코웃음을 치며 이렇게 말할 것이다. "갑자기 철학자가 되어 납셨네. 저 우월한 표정은 어디서 얻었는가?" 신이 당신을 그 위치에 지정했듯이, 당신이 보기에 최선인 가치를 그대로 고수하라. 만일 이 같은 철학적 원리를 그대로 실천하면 처음에 당신을 비웃던 사람들도 결국 당신을 존경할 것이다. 그러나 만약 당신이 그들 말에 굴복 한다면, 당신은 두 배로 비웃음을 사게 될 것이다.

자신의 무지나 결핍을 아직 깨치지 못한 사람들은 이 같은 철학자의 처방을 들으면 처음에는 무척 기이하게 느낄 수도 있다. 스토아 철학을 철저하게 실천했던 에픽테토스의 삶의 자세는 평범한 이들의 삶의 자세와는 전혀 다르다. 에픽테토스가 제시하는 삶의 기술 중에 어떤 항목은 처음에는 이상하게 들릴 수도 있지만, 그의 가르침에 주의를 집중해 실천한다면 누구나 결국에는 그 효력을 느낄 수 있을 것이다. 한 번은 에픽테토스가 이런 말을 했다.

> 그러니까 모든 활동에서, 자기 기술을 보유한 자는 기술이 없는 사람보다 당연히 더 우월하다. 그렇다면 삶의 학문을 터득한 사람이 참스승이 되는 것이 마땅하지 않겠는가?

삶의 학문이란 무엇인가? 삶의 학문은 우리 삶의 태도와 관점에 무슨 영향을 주고, 성숙한 내면의 자아와 평안을 누리는 삶에 어떻게 기여하는가? 이를 제대로 알기 위해서는 먼저 에픽테토스가 우리의 필요를 어떻게 진단하는지 살펴야 한다. 전직 노예였던 에픽테토스는 우리에게 이렇게 제안한다.

> 철학자의 집 앞에서 머물도록 하라. 만약 당신이 마땅히 해야 할 일을 한다는 마음으로 철학자를 찾아간다면, 그곳에 있는 당신을 사람들이 보고 손가락질 하는 일도 없을 것이고, 빈손으로 혹은 아무 소득 없이 그곳을 떠날 일도 없을 것이다.

모든 철학 교사가 그 임무를 감당할 수 있는 것은 아니다. 하지만 만약 우리가 올바른 철학자, 우리가 더 나은 삶을 살도록 돕고 싶어 하는 현명하고 실용적인 사상가를 찾아간다면, 우리에게 크나큰 이득이 있을 것이다. 그러니까 에픽테토스의 지혜의 곳간을 찾아가 그가 마련한 가르침을 들어보자.

가장 큰 위기는 나로부터 시작된다

The Wisdom of
Epictetus

우리는 살면서 수많은 실수를 범한다. 인간은 본래 그런 존재다. 다행히 우리가 저지르는 실수는 대개 전체 여정을 놓고 보면 사소한 일탈에 지나지 않는 경우가 많다. 목표를 잘못 세웠거나 방향을 잘못 돌린 것이어서 잘못을 깨닫고 나면 정상 궤도에 돌아가기 위해 변화를 꾀하기 마련이다. 하지만 에픽테토스가 보기에 사람들이 예외 없이 일으키는 가장 큰 착각이 하나 있는데, 바로 이것이 우리가 살아가는 동안 바라마지 않고 또 마땅히 누려야 할 행복을 즐기지 못하게 만드는 원인이다. 스토아 철학처럼 강력한 삶의 메시지를 접하고 거기에 주의를 집중하지 않는 한, 이 착각에서 깨어나기는 쉽지 않다.

에픽테토스는 모든 인간이 행복을 추구한다는 아리스토텔레스의 주장에 동의한다. 그러나 에픽테토스에게 그 과정은 단순히 행복을 좇는 과정이 아니라 전쟁이나 매한가지다. 우리는 살면서 전투에서 이기기도 하고 패하기도 한다. 에픽테토스는 전투에 이겼을 때 성공의 경험을 쌓는 것도 중요하지만 패했을 때 거기에서 새로운 교훈을 얻는 것도 중요하다고 강조한다. 왜냐하면 실패는 영원한 패배가 아니라 일시적인 지연에 불과하다는 사실을 배우는 교육적인 경험이며, 이를 통해 우리는 앞으로 치를 접전에 보다 잘 대비할 수 있기 때문이다. 사람들은 전투에 승리했을 때보다 실패했을 때 더 많은 것을 배우곤 한다.

자신의 꿈을 좇는 사람, 성공과 행복을 인생 목표로 삼은 모든 사람에게 에픽테토스는 이렇게 권한다. 한시라도 빨리 잊고 싶은 나쁜 일들까지 포함해서 자신이 경험하는 모든 일에서 배우고 반성하라고 말이다.

> 목표 달성에 성공했든, 실패했든 그동안 당신이 자신을 위해 세웠던 목표들을 모두 검토해보라. 성공했을 때 얼마나 기뻤으며 실패했을 때 얼마나 고통스러웠는가. 만약 가능하다면 실패한 경위까지 정확하게 추적해보라. 위대한 전투에 참전해서는 후

퇴하느니 돌진해오는 공격에 그대로 맞서야 한다. 우리가 인생
에서 벌이는 전투는 (중략) 다름이 아니라 행운과 행복을 얻기
위한 전투이기 때문이다.

우리는 평생 행복과 행운의 결실을 얻으려고 씨름한다. 하지
만 안타깝게도 우리는 이 싸움을 치르면서 하나의 거대한 착각
을 기반으로 전략을 세우는 경우가 많다. 그러니까 우리는 매일
잘못된 기반에 기초한 전략에 따라 살고 있는 것이다. 우리 생각
과 반응, 감정, 태도, 행동은 모두 이 전략을 전제로 한다. 또한 이
전략은 우리가 행복을 얻기 위해 싸우는 방식, 성공을 거뒀을 때
반응하는 방식, 실패했을 때 받는 영향까지 결정짓는다.

삶에 접근하는 우리 방식이 잘못되었다는 징후는 수도 없이
많다. 우리는 일상에서 스트레스와 불안, 염려, 압박감, 정서적 고
갈을 느낀다. 희망은 두려움과 뒤엉켜 있고, 마음 깊은 곳에서는
최악의 상황을 가정한다. 온갖 것들이 사방에서 우리를 압박하
는 듯하다. 하지만 에픽테토스는 우리에게 위안이 되는 놀라운
소식을 전한다. 그는 이렇게 외친다.

우리를 압박하는 것도, 곤경에 빠트리는 것도 자기 자신이라는
이 평범한 진리를 기억하라. 실제로 우리를 압박하고 제약하는

것은 우리가 하는 생각들이다.

에픽테토스의 선언에 따르면, 현대인이 일상에서 흔하게 겪는 온갖 부정적 경험을 생산하고 현대인을 압박하는 것은 외적인 요인이 아니라 자기 자신의 신념이다. 또 다른 대화에서는 이렇게 설명한다.

불안해하거나 평정심을 잃는 것은 순전히 자기 자신의 생각 때문이지 다른 이유는 없다.

엄청나게 많은 재산을 소유한 한 사람에게 이렇게 말한 대목도 있다.

당신이 쓰는 식기는 황금 그릇이지만, 당신이 지닌 생각이나 신념, 목표, 욕망은 모두 보잘것없는 질그릇들이오.

에픽테토스에 따르면 우리의 생각, 신념, 추구하는 목표, 일상적인 욕망들은 거의 모두 이 착각에 기반하고 있으며, 습관적으로 또 끊임없이 이 착각에 빠져 있다. 그는 자기 주변 사람들에게 이렇게 말했다.

사람들은 행복에 이르는 길을 원하면서 엉뚱한 곳에서 행복을
구한다.

우리가 저지르고 있는 한 가지 거대한 착각이란 바로 엉뚱한
곳에서 행복을 찾는 것이다.

깨우치지 못한 사람의 상태를 보면, 이익이든 손해든 그것을 자
신에게서 찾지 않고 외부에서 찾는다는 특징이 있다. 철학자의
상태를 보면, 모든 유익과 손해를 자신에게서 찾는다는 특징이
있다.

우리가 모두 저지르는 이 거대한 착각은 무엇인가? 인생에서
가장 큰 착각은 우리가 행복을 얻기 위해 외부 세계를 바라본다
는 것이다. 우리는 좋고 나쁨, 유익함과 무익함이 외적인 것들에
달려 있다고 믿는다. 그러나 궁극적으로 그것을 결정하는 것은
우리 내부에 있다. 에픽테토스는 우리를 도와 이 거대한 착각을
교정하고, 우리가 통제할 수 있는 내면의 문제에 다시 초점을 맞
추기를 원한다. 우리가 내면에 집중할 때 비로소 진정한 성공과
진정한 행복을 찾을 수 있다. 그는 이렇게 설명한다.

이 대원칙을 기억하면 다른 조언이 굳이 필요 없을 것이다. 그러나 외적인 것들을 필사적으로 찾아다닌다면 결국에는 주인의 의지에 따라 이리저리 휘둘리게 될 것이다. 그러면 이 주인은 누구인가? 당신이 얻고 싶은 혹은 피하고 싶은 것들을 장악한 사람들이다.

에픽테토스는 우리의 이 거대한 착각이 수없이 불행한 결과를 낳는다고 생각한다. 첫째, 그 착각으로 인해 우리는 타인에게 구속당하기 쉽다. 만약 우리가 끝없이 돈을 갈망한다면 이미 많은 돈을 소유한, 그래서 그 돈을 우리에게 줄 수도 있고 보류할 수도 있는 주변 사람에게 의지하고 싶어진다. 권력이나 사치스러운 생활, 사회적 지위 같은 외적인 것을 갈망하는 사람들은 자신이 갈망하는 대상을 통제하는 사람에게 굴복해 거짓으로 그 사람을 대하고 비굴하게 아부를 하고 싶어 한다. 이 점에 대해 우리의 철학자 에픽테토스의 생각은 확고하다.

기억하라. 권력과 부를 향한 욕망뿐 아니라 고요함, 여가시간, 해외여행, 좋은 교육을 향한 열망도 우리를 다른 사람들에게 낮추고 굴복하게 만든다. 간단히 말해, 외적인 대상이 무엇이든 거기에 우리가 긍정적인 가치를 부여하면 그것 때문에 우리는 타인에게 예속되고 만다.

만약 당신이 원하는 어떤 것을 꼭 다른 사람에게 얻어야 한다든지 아니면 당신이 그것을 얻지 못하게 그 사람이 방해할 수 있다면, 당신은 그 사람에게 의존적인 상태가 된다. 갈망하는 것이 아니라 기피하려는 대상도 사정은 마찬가지다. 그것을 놓아주거나 억제할 힘이 다른 사람의 수중에 있다면, 이 경우에도 당신은 그 사람의 영향력 안에 놓이게 된다. 외적인 것들은 우리를 지배할 수 있다 — 우리가 그것을 허용한다면. 에픽테토스는 다른 사람에게 내적 자아가 굴복된 상태를 자신의 존엄성을 송두리째 잃은 상태라고 본다.

내면의 힘을 강조하는 에픽테토스가 두 번째로 지적하는 것은 외적인 것들은 우리를 의기소침하게 만들 수 있다는 것이다. 자신이 통제할 수 없는 영역에 있는 외적인 가치를 얻어야만 행복해진다고 믿는다면 우리는 걱정과 두려움, 불만, 시기, 실망 같은 부정적인 감정을 자초할 수 있다. 에픽테토스는 이렇게 분석한다.

불안해하는 사람을 보면 나는 이렇게 묻는다. "그 사람은 무엇을 원하는가?" 자기 힘이 미치지 못하는 것을 바라지 않고서야 그리 불안해할 까닭이 없지 않은가? 이런 까닭에 류트 연주가는 홀로 연주하며 노래할 때는 전혀 떨지 않지만, 극장에만 들어서면 좋은 목소리와 뛰어난 연주 실력을 지녔음에도 불안해한다. 이는 노래를 잘 부르고 싶을 뿐 아니라 청중의 갈채도 받고 싶어 하기 때문이다. 하지만 그것은 그의 권한 밖의 일이다. 자신감을 얻을 수 있는 영역은 자기가 재주를 쓸 수 있는 분야뿐이다.

여기에 한 가지 유의할 점이 있다. 에픽테토스는 갈채를 받는 것은 음악가의 권한 밖 일이라고 지적한다. 그러나 이 주장은 틀린 말 아닌가? 어째서 에픽테토스는 이런 말을 했을까? 무슨 말을 하려고 한 것일까? 수많은 음악가는 연주가 끝날 때마다 열렬한 갈채를 받는다. 이는 분명 그들의 연주 능력 때문이다. 그런데도 청중으로부터 갈채를 받는 것이 그들 능력 밖의 일이라고 말할 수 있을까? 탁월한 연주를 해내는 능력은 곧 그 연주로 갈채를 이끌어내는 능력이 아닐까?

에픽테토스는 우리가 이 부분에서 좀 더 신중하게 생각하기를 바란다. 음악가는 자기 집에서 홀로 연주 실력을 갈고 닦을 때 갈채를 전혀 받지 못한다. 이는 관중이 없기 때문이다. 그가 연주한 결과로 갈채를 받으려면 분명 관중이 있어야만 한다. 그리고 이는 다수의 뛰어난 음악가들이 거의 혹은 전혀 통제할 수 없는 외부 환경이다. 경력을 쌓은 지 얼마 안 되어 이름이 덜 알려졌거나 아니면 실력만큼 대접을 못 받는 경우에는 수많은 관중을 끌어모을 여력이 없다. 하지만 관중이 몰려왔다고 해서 반드시 갈채를 받는다는 보장도 없다. 자신이 연주하는 악기 소리를 싫어하는 관중 앞에 설 때도 있고, 다른 것이 하고 싶지만 어쩔 수 없는 상황 때문에 그 자리에서 억지로 연주를 듣는 사람들도 있지 않겠는가. 그날만큼은 그의 연주를 듣고 싶은 기분이 아니었다는 사람, 음악 말고 다른 오락거리를 원하는 사람, 좀 더 유명한 음악가의 연주를 듣고 싶어 하는 사람도 있을 수 있다. 자신이 연주하는 음악 장르를 싫어하거나 술에 취한 사람, 혹은 짜증난 사람 앞에서 연주를 할 수도 있고, 평소대로 뛰어난 연주를 들려주고도 야유를 받거나 심드렁한 반응을 접할 수도 있기 때문이다.

작가들 중에는 유명 베스트셀러 작가가 되는 이도 있고, 그렇지 못한 이도 있다. 그리고 그 차이는 순전히 재능 때문만은 아니다. 〈뉴욕 타임스〉 베스트셀러 자리를 보장할 수 있는 작가는 아무도 없다. 작가는 자기 작품의 질을 통제할 수는 있지만 판매량을 통제하지는 못한다. 책이 잘 팔릴지 여부는 다른 사람들에게 달렸다. 백만 명의 사람이 책을 사도록 만들 권능을 지닌 사람도 없고, 생면부지의 사람에게 책을 사도록 만들 힘을 지닌 사람도 없다. 인기 정상을 달리는 배우가 올해 출연한 영화에서 대박을 터뜨렸다 해도 내년에는 참패를 할 수도 있다. 배우 자신은 두 작품 모두 동일한 수준이라고 확신한다 해도 흥행 여부는 모를 일이다. 미술가들 역시 당대에 성공한 사람도 있지만 그렇지 못한 이들도 많다. 대중 연설가도 기립박수를 받는 이가 있는가 하면 그렇지 못한 연설가도 많다. 특히나 한 연설가가 두 번에 걸쳐 각기 다른 장소에서 동일한 주제로 똑같은 열정과 힘을 쏟아가며 탁월한 언변을 발휘했는데 한쪽 청중은 기립박수를 치고 휘파람을 불고 발을 구르며 함성을 지르고, 다른 쪽 청중은 온화하고 점잖은 태도로 가볍게 박수를 치는 데 그칠 수도 있다.

우리는 외적인 결과를 결코 보장할 수 없다. 우리 권한 밖에 있는 일들은 본인 의사와 달리 크게 잘못될 수 있고, 우리 통제 밖에 있는 것들 중에는 결국 우리 손에 넣지 못할 것들도 많다. 인생은 만만한 여정이 아니고 또 사람이란 기본적으로 자유로운 존재이기 때문에 외부 세계에서 얻게 되는 결과를 우리는 결코 뜻대로 좌지우지할 수가 없다. 그런데 참 얄궂은 사실은 우리가 통제할 수 있는 대상에 주의를 집중하는 법을 배울 때 비로소 마음대로 통제할 수 없는, 하지만 우리가 소망하는 외적인 가치를 획득하는 경우가 더 많다는 것이다. 에픽테토스는 바로 이 점을 우리가 이해하기를 바란다.

우리 힘으로 맘껏 움직일 수 없는 것들을 갈망하고 그것에 집중하면 스스로에 대해서 또 세상에 대해서 자신감이 저하되기 십상이다. 외적인 것에 과도하게 집중하면 우리가 지닌 능력을 제대로 발휘하지 못하고 잠재력을 극대화하기 어렵다. 엉뚱한 것에 초점을 맞추면 자기 안에 있는 내면의 자원을 바라보지 못하고 우리가 그토록 간절히 바라는 결과를 창출하기 위해 참여해야 할 활동에 몰두하기가 어렵다.

돈과 지위 같은 외적인 것들은 있다가도 없어지는 것이지만, 내면의 행복은 지속적인 즐거움으로 남는다고 에픽테토스는 확신한다. 그의 설명을 들어보자.

> 부자가 되고 싶은지 행복한 사람이 되고 싶은지 당신 자신을 살펴보라. 부자가 되고 싶은 사람은 그것이 좋은 일도 아닐뿐더러 당신 권한 밖의 일이라는 점을 알아야 한다. 행복한 사람이 되고 싶은 이들은 그것이 좋은 일일 뿐만 아니라 당신의 힘이 닿는 일이라는 점을 깨달아야 한다. 부는 운명의 신으로부터 잠시 대여하는 것이고 행복은 자신의 의지로부터 나오는 것이다.

부자가 되는 것이 왜 좋은 일이 아닐까? 돈의 가치는 전적으로 그것이 쓰이는 방식에 달렸다. 부는 좋은 결과를 낳을 수도 있고

한 사람을 망칠 수도 있다. 부는 그 자체로 좋은 것도 아니고 나쁜 것도 아니다. 하지만 부자가 되려는 바람은 본질적으로 불완전하다. 왜 돈을 원하는가? 돈이 있으면 행복해진다고, 아니 행복을 보장하지는 못한다 해도 최소한 행복을 얻기 위한 올바른 방향으로 나아가게 해준다고 믿기 때문이다. 하지만 그렇지 않은 경우가 많다. 어느 대화에서 에픽테토스는 다음과 같은 예를 들었다.

> 제아무리 황금을 두르고 화려하게 꾸민 거대한 선박이라도 그것이 조만간 침몰할 배라면 그 배로 항해할 생각은 품지 않듯이, 아무리 크고 비싼 주택이라도 정신이 방해받을 것이 빤하다면 그곳에 기거하지 말라.

이와 관련된 또 다른 대화에서 그는 이렇게 말한다.

> 좁은 침대에 몸을 움츠리고 누워 건강하게 지내는 편이 넓고 푹신한 잠자리에 누워 병을 얻는 것보다 더 낫듯이, 작은 역량에 만족하고 행복해 하는 편이 엄청난 부를 얻고 불행하게 지내는 것보다 더 낫다.

에픽테토스가 '작은 역량'에 만족하라고 권할 때, 이 말을 우리가 작은 목표만 세워야 한다는 뜻으로 받아들이면 안 된다. 이는 우리가 생각하고 계획하고 힘을 쏟는 대상이 말하자면 내적 자아, 성격, 자아실현, 의지 등 우리가 통제할 수 있는 문제라야 한다는 뜻이다.

여기서 에픽테토스의 의도를 곡해하지 않는 것이 중요하다. 그는 단 한 번도 우리가 흔히 추구하는 부와 권력 등의 외적인 조건을 그 자체로 나쁘다고 보지는 않았다. 그는 외적인 것들이 보통 사람들이 흔히 상상하는 것처럼 그렇게 좋은 것만은 아니라고 믿었을 뿐이다. 그것들은 좋게 작용하기도 하고 나쁘게 작용하기도 한다. 그것들이 삶에 적합하게 쓰이는지 여부는 궁극적으로 그 삶을 살아가는 사람의 내면에 따라 결정된다.

당신이 세운 목표는 합당한가? 당신은 자신을 잘 통제하고 있는가, 아니면 외적인 것들이 당신의 주인 노릇을 하는가? 다른 사람들이 당신 인생의 진로를 결정하는가, 아니면 스스로의 본성에 맞는 삶을 살고 있는가?

누구든 불행한 사람이 있다면 그 불행은 자신의 잘못이라는 점을 기억하라. 신은 누구나 근심에서 벗어나 행복하게 지내도록 우리를 만들었다.

이 외적인 것들은 본디 우리 삶에 좋은 것, 혹은 나쁜 것이라고 여기는 이 거대한 착각에서 깨어나지 않는 한 우리는 불안에서 자유로울 수 없다. 에픽테토스가 한 청자에게 이렇게 말한 대목도 있다.

> 당신에게는 자유가 좋은 것으로 보이지 않는가? 자유는 가장 좋은 선이다. 가장 좋은 선을 얻은 이가 불행하거나 비참할 수 있을까? 그렇지 않다. 그렇다면 불행하거나, 운이 나쁘거나, 불만이 많은 사람을 보거든 저들은 자유롭지 못한 사람이라고 확신해도 좋다.

자유는 행복을 얻는 열쇠다. 모든 속박으로부터의 자유. 자부심이나 좋은 것에 대한 판단을 외적인 것에 의지하는 거대한 착각으로부터의 자유. 이 세상에서 자신의 본성에 맞는 길을 개척하려면 자유를 얻어야 한다. 에픽테토스의 말에 따르면, 인생에서 자신이 추구하는 목표가 무엇이든 내적 자아의 안녕을 허용하지 않는 것이라면 근본적으로 잘못된 계획이다.

개인의 자유를 옹호한 우리의 철학자 에픽테토스는 이렇게 외친다.

자신이 바라는 대로 살아가는 사람은 자유롭다.

또 이렇게 말한다.

자신을 다스리지 못한 사람은 어느 누구도 자유롭지 못하다.

에픽테토스가 칭송해마지 않는 이 자유, 그러니까 자신을 극기할 줄 아는 사람이 누리는 이 자유를 어떻게 얻을 것인가? 자유와 상관없어 보이는 주제를 논하는 중에 에픽테토스는 이에 대한 실마리를 제공한다. 그의 말을 들어보자.

시간은 어리석은 자를 슬픔에서 해방시키지만 이성은 현명한 자를 해방시킨다.

왜 우리는 슬픔을 지속하는가? 왜 우리는 계속해서 걱정하고 두려워하는가? 갑작스러운 변화를 맞아 우리의 감정이 요동치는 이유는 무엇인가? 에픽테토스의 답변은 단순하다. 우리가 이성의 안내를 받지 않기 때문이다.

자유를 얻기 위한 스토아 철학의 처방은 우리 내면 깊이 자리한 고귀한 역량인 사유 능력으로 내면의 태도와 사고를 올바로 형성하라는 것이다. 이 방법을 이해할 때 우리는 스토아 철학에서 말하는 자유, 내면의 회복 탄력성, 감정 균형, 그리고 에픽테토스가 말하는 영원한 행복을 누릴 수 있을 것이다. 이 같은 내면의 미덕이야말로 우리가 세운 인생 목표를 달성하는 데 가장 도움이 되는 밑거름이다.

내 마음대로 할 수 있는 것이란

철학자들이란 어떤 주제로 논의를 하든지 한없이 대상의 차이를 구별 짓고, 논거를 제시할 수 있으며, 다른 철학자들의 말을 세세하게 인용하는 습성이 있음을 에픽테토스는 잘 알고 있다. 그래서 보통 사람들은 철학 활동을 통해 산출된 엄청난 지식을 대단히 복잡하게 여기고 종종 위압감을 느낀다는 사실도 잘 알고 있다. 철학자들의 난해한 글을 접했을 때 보통 사람들이 느끼는 고통을 그가 일찌감치 이해했다는 사실은 주목할 만하다. 특히 칸트와 헤겔, 하이데거와 같은 현대 철학자들이 마치 신기록 달성을 놓고 경쟁이라도 벌이듯 심오하고 난해한 사상을 지면에 마구 쏟아내기 훨씬 전에 벌써 이런 문제를 파악했던 것이다. 그래서 에픽테토스는 사람들이 철학적 진술의 핵심을 파악할 수 있도록 단서를 제공했다. 그의 설명을 들어보자.

> 철학자들의 주요 신조는 더없이 단순하다. 인간이 추구해야 할 목적은 신들을 따르는 것이며, 현상을 올바르게 이용하는 것이 선함의 본질이라는 것만 이해하면 충분하다.

이 명제가 모든 철학자의 사유를 완벽히 포착하지는 못하겠지만, 일단 우리가 이 말의 의미를 이해하면, 에픽테토스가 본받으려한 선대 스토아 철학의 개요는 확실히 잡고 간다고 볼 수 있다.

에픽테토스 시대의 스토아 철학의 우주관에 따르면, 우주는 궁극적으로 좋은 것을 생산하는 자애로운 신의 합리적 섭리에 의해 운행된다고 생각되었다. 신은 혹은 '신들'은 자유롭고, 행복하며, 덕이 있는 존재이고, 인간이 모방할 만한 최상의 전형으로 간주되었다. 스토아 철학자에게 '신들을 따르는 것'이란, 자유롭게 존재하는 것, 내면에 덕을 함양하는 것 그리고 이 세상에서 일어나는 외적 사건들은 어떤 식으로든 신의 섭리가 작용한 결과이며 궁극적으로 선하다는 사실을 수용할 줄 아는 사람이 된다는 것을 의미한다.

에픽테토스 같은 철학자가 "현상을 올바르게 이용하는 것이 선함의 본질"이라고 말한 것은 당시 스토아 철학이 인생을 보는 관점을 간략히 요약한 말이다. 지금은 우선 이 말이 무슨 뜻인지 명확하게 이해하는 것이 좋겠다.

스토아 철학자들은 플라톤의 견해를 따라 현상과 본질을 주의 깊게 구별했다. 사물은 우리에게 진정한 모습 그대로 나타나지 않는다. 쉽게 말하자면 우리는 외관(현상)에 쉽게 속을 수 있다. 플라톤과 에픽테토스는 다른 많은 철학자와 마찬가지로 대부분의 사람이 현상의 노예가 되어 삶을 산다고 믿었다. 환상에 사로잡혀 본질과 단절되어 사는 것이다.

에픽테토스가 '현상'이라 부른 것은 우리가 피할 수 없는 것들이다. 현상을 제대로 다루는 것은 현자의 몫이다. 우리는 진실한 현상을 분별하고 그것을 따라가 진리를 찾고, 거짓된 현상의 유혹에 맞서 정도에서 벗어나지 않아야 한다. 에픽테토스는 이렇게 주장한다.

현명한 자와 선한 자가 할 일은 현상을 그 본질과 일치되게 다루는 것이다. 진리에 찬동하고 거짓에 반대하며, 불확실한 것에는 판단을 유보하는 것이 모든 영혼의 본질인 것처럼 선함을 욕망하고 악함에 반감을 느끼며, 좋지도 나쁘지도 않은 것에는 무관심으로 반응함이 자연스럽다.

현명한 사람은 거짓은 피하고 진실을 수용하며, 선함을 욕망하고 악함은 물리치고, 내재된 가치가 없는 것에는 무관심하다. 이 단순한 공식을 어김으로써 인생의 많은 문제가 발생한다는 것이 스토아 철학이 획득한 통찰이다. 우리는 너무나 자주 잘못된 것을 믿고, 잘못된 것을 추구하며, 잘못된 것에 기운을 낸다. 스토아 철학이 말하는 자유의 본질은 이런 잘못을 피하고 삶에 대해 올바른 태도를 회복하는 것이다.

에픽테토스는 스토아 철학자들의 중요한 사유를 다음과 같이 정리한다.

> 어떤 것들은 좋고 어떤 것들은 나쁘고 어떤 것들은 좋지도 나쁘지도 않다. 좋은 것들은 미덕이나 이와 관련한 것들이고, 나쁜 것들은 악덕이나 이와 관련한 것들이다. 부, 건강, 생명, 죽음, 쾌락, 고통 등 미덕과 악덕 사이에 놓인 모든 것은 좋지도 나쁘지도 않은 무관심의 대상이다.

현대인의 감성에서 볼 때 이는 충격적이고 놀라운 진술이다. 영혼이나 의지와 관련한 것 외에 그것 자체로 좋은 것은 아무것도 없다고 말하기 때문이다. 다시 말해, 미덕이나 미덕을 행하게 만드는 동기 그리고 이를 선택하는 행위를 제외하고 선한 것은 어디에도 없다. 마찬가지로 악행을 저지르는 영혼의 상태는 그 것 자체로 악하다. 에픽테토스가 말한 '무관심의 대상'은 외부 세계의 것들을 모두 아우르는 영역으로, 우리의 육신 상태와 감각 상태도 포함한다. 외부 세계의 것들은 우리 의지의 영역 밖에 있는 것으로 간주되고, 따라서 내재적으로 정해진 가치가 없다. 즉 긍정적이지도 부정적이지도 않다. 하지만 물질적인 사회에 사는 사람들은 예나 지금이나 부와 권력, 사회적 지위, 매력적인 용모, 쾌락, 사치스러운 생활 등 외적인 것들을 행복을 얻는 열쇠로 생각하고 이를 욕망한다.

우리는 다음 글에서 좀 더 명쾌한 설명을 얻을 수 있다.

> 좋은 것의 근본을 이루는 것은 특정한 종류의 의지다. 나쁜 것 의 근본을 이루는 것도 특정한 종류의 의지다. 그렇다면 외적인 것들은 무엇일까? 그것들은 그 의지를 담는 물질일 뿐이어서 선한 의지 혹은 나쁜 의지에 따라 사용될 뿐이다.

에픽테토스는 의지 — 인간이 선택할 수 있는 능력 — 를 인생 에서 모든 가치의 원천으로 규정한다. 한 사람이 지닌 의지 그리고 그 의지를 실행에 옮기려는 행동을 제외하고 본질적으로 좋거나 나쁜 것은 존재하지 않는다. 그 외 모든 것은 도구적인 가치를 지닐 뿐이어서, 의지가 그것을 사용하는 방식에 따라 가치가 결정되거나 혹은 전혀 가치를 얻지 못한다.

로마의 시인 테렌티우스는 이렇게 선언했다. "부는 그것을 사용할 줄 아는 이들에게는 축복이지만 그렇지 못한 자들에게는 저주다." 이는 외적인 것들에 모두 적용되는 진리다. 권력은 좋게도 혹은 나쁘게도 이용될 수 있다. 물질적 대상도 그렇고, 신체적 매력도 마찬가지다. 스토아 철학이 우리에게 알려주는 것은, 외부 세계는 인간의 의지가 작동하기 위한 물질의 창고에 지나지 않는다는 것이다. 따라서 외적인 것들 때문에 지나치게 기뻐하거나 화를 내서는 안 된다. 외적인 것들은 그 자체로 좋은 가치도 없고 나쁜 가치도 없다. 우리가 그것들을 놓고 무엇을 선택하느냐에 따라 좋고 나쁨의 지위가 결정된다.

이로써 우리는 이 세상에서 지속적으로 행복을 경험하기 위해 필요한 자유를 획득하는 방법에 관해 스토아 철학이 제시한 중요한 교리를 파악했다. 우리는 세상의 만물에 대해 합당한 자세를 갖추고 합당하게 행동해야만 한다.

살면서 우리가 해야 할 중요한 일은 만물을 구별하고 나누며 이렇게 말하는 것이다. "외적인 것들은 내 힘으로 어찌할 수 있는 것이 아니다. 내 힘이 닿는 것은 내 의지뿐이다. 그러면 나는 어디서 좋은 것과 나쁜 것을 찾아야 하는가? 내가 소유한 것들 중에서 찾아야 한다." 그러니 그대에게 속하지 않은 것들에 대해서는 좋다거나 나쁘다거나 이롭다거나 해롭다거나 구별할 일이 없다.

세상에 있는 것들은 이 두 가지 범주에 속한다. 우리가 통제할 수 있는 것들과 우리가 통제할 수 없는 것. 우리는 통제할 수 있는 것들에 관심을 갖고, 그러지 못하는 것들에는 관심을 끊어야 한다. 이것이 오랜 세월에 걸쳐 인류가 감응했던 스토아 철학의 핵심 메시지다.

에픽테토스는 현자가 얻은 평정심과 자유에 대해 다음과 같이 강조한다.

의지와 무관한 외적인 것을 존중하지 않는 법을 배운 사람, 그러니까 올바르게 판단하고, 믿음을 형성하고, 목표를 향해 나아가고, 어떤 것을 욕망하거나 물리치는 등의 행위만이 인간의 의지에 달렸음을 깨달은 사람에게, 과연 누군가에게 아부하거나 열등감을 느낄 여지가 존재하겠는가?

우리가 믿는 것, 욕망하는 것 그리고 추구하는 목표를 놓고 동의하고, 야망하고, 실행하는 이 세 가지 행위만이 우리 마음대로 할 수 있는 영역이다. 이 사실을 인식할 때 우리는 세상에 아첨하는 태도를 버리고, 내면의 자아를 올바로 계발하고 성장하는 데 방해가 되는 감정적 장애로부터 자신을 해방시킬 수 있다. 그리고 이때 비로소 이 세상에서 실현하기 어려운 온전한 자아를 누리며 당당하게 살아갈 수 있다.

우리 내면의 상태만이 내재적 가치가 있고, 외적인 것들에는 아무런 내재적 가치가 없다는 사실을 인식할 때 우리는 스토아 철학에서 말하는 자유와 존엄에 이른다. 에픽테토스는 또한 이 깨달음이 우리를 행복으로 이끈다고 생각한다. 다음 두 대화를 보면 이 점이 잘 나타난다. 첫째, 그는 의지에 관해 이렇게 설명한다.

우리가 불행해지거나 아니면 행복해지는 것, 우리가 서로를 비난하거나 아니면 서로를 기쁘게 하는 것은 바로 이 의지를 통해서다. 우리가 이것을 무시한다면 불행을 초래할 것이고, 만약 우리가 이것을 신중하게 좇는다면 행복을 초래할 것이다. 요컨대, 의지는 바로 이런 것이다.

둘째로, 에픽테토스는 이렇게 가르친다.

> 행복에 이르는 길은 단 하나이며, 아침부터 저녁까지 우리가 따라야 할 규칙은 하나다. 그 규칙은 이러하다. 그대의 의지가 미치지 못하는 것들에 관심을 두지 말 것이며, 외적인 것은 그 어떤 것도 그대의 소유라고 믿지 말 것이며, 모든 것을 신에게 맡겨라.

여기서 우리는 스토아 철학의 두 가지 주제가 서로 연계되어 있음을 본다. 다시 말해, 우리는 의지가 작용하는 내적인 문제에 주의를 집중해야 한다. 그것이 인간이 번창하고 행복에 이를 수 있는 유일한 길이기 때문이다. 또 우리는 날마다 피조물답게 포기하는 삶을 살아야 한다. 곧 모든 외적인 것들을 신에게 맡길 줄 알아야 한다. 우리 능력이 닿지 않는 외적인 모든 것은 신이 알아서 할 일이다.

에픽테토스는 다음과 같은 논증에서도 이 주제를 다룬다.

> 본성적으로 고귀하고, 위대한 영혼의 소유자이며 자유롭고 합리적인 인간은 자기 주변의 것들을 보면서, 어떤 것은 전혀 방해받지 않고 자기 마음대로 할 수 있지만 또 어떤 것은 외부적

으로 방해를 받고 타인의 뜻에 따라 움직일 수 있음을 안다. 외부적으로 어떤 방해도 받지 않는 것들은 자기 의지에 달려 있지만, 외부적으로 방해를 받는 것들은 자기 의지에 달려 있지 않음을 안다. 이런 까닭에 방해받지 않고 자기 의지대로 할 수 있는 것들만이 자신에게 선하고 이익이 된다고 생각한다면 그대는 자유롭고, 번영하며, 행복하고, 해를 당하지 않으며, 관대하고, 경건하며, 모든 것에 신에 감사할 것이고, 자기 힘으로 어쩌지 못할 것들에서 어떤 잘못도 찾지 않을 것이며 혹은 다른 사람을 원망하지도 않을 것이다. 그러나 자기 뜻대로 어쩌지 못할 외적인 것들이 자신에게 선하고 이익이 된다고 생각한다면 그 사람은 어쩔 수 없이 방해를 받을 것이고, 결국 그가 욕망하거나 두려워하는 것을 통제할 힘이 있는 사람들을 섬기게 될 것이다. 그런 사람은 때때로 신에게 피해를 입었다고 생각할 것이기에 불경스러울 것이며, 항상 자기가 소유한 것 이상을 마치 자기 것처럼 주장할 것이기에 불의^{不義}할 것이다. 그리고 이 모든 생각과 행위는 그 사람을 불행하고 열등한 존재로 만들 것이다.

'의지 이론'이라고 이름 붙여도 좋을 이 논증을 신을 향한 인간의 올바른 태도와 곧바로 연계한 다음 대목에도 주목해야 한다.

신들을 향한 경건함과 관련해 그대가 특히 유념해야 할 것이 있다. 신들이 존재하며 신들이 만물을 정의롭게 잘 운영하고 있다고 생각하면서 신들을 향해 신실한 믿음을 지녀야 한다는 것이다. 그리고 다음의 원칙을 굳게 지켜야 한다. 그대에게 무슨 일이 일어나든지 그 모든 것은 지혜롭고도 지혜로운 자가 수행한 것이라고 자유로운 마음으로 받아들이며 신들의 뜻에 순종하고 그들에게 만사를 맡겨야 한다. 만약 그대가 이렇게 산다면, 그대는 어떤 일로도 신들을 비난하지 않을 것이고, 그대를 소홀히 대했다고 신들을 정죄하지도 않을 것이다. 이처럼 중요한 결실은 우리 힘이 닿지 않는 것들을 포기하고 우리 힘이 닿는 것들에만 좋고 나쁨이 있음을 인식할 때라야 얻을 수 있다.

여기에는 의지 이론에 대한 경건 논증The Piety Argument for The Principle of the Will이라고 이름 붙여도 좋을 듯하다. 외부 세계에서 무슨 일이 일어나든 어떤 의미에서는 신의 의지라는 사실을 기꺼이 받아들이고, 혹은 기꺼이 받아들이지는 못해도 거부하지 않는 태도만이 신의 섭리를 향한 올바른 태도라고 에픽테토스는 주장한다. 감정적 차원에서 외적인 것들을 신의 뜻으로 돌리고 받아들일 때, 우리는 자신을 해방시켜 우리 힘이 닿는 영역에 온전히 집중할 수 있다. 우리 영혼과 의지가 작용하는 이 내면의 문제에 집중하는 것이야말로 우리가 이 세상에서 맡은 주된 임무다.

부자든 가난뱅이든, 기업의 최고경영자이든 관리인이든 간에 당신의 주된 임무는 덕을 쌓으며 늘 자기를 성장시키는 것이다. 당신이 이 세상에 존재하는 것은 외부 세계와 이웃을 향해 자기 본성에 맞는 올바른 마음가짐으로 덕을 실천하기 위함이다. 당신에게 가장 중요한 일터는 내면의 자아다.

에픽테토스는 외적 상황을 수용하는 스토아 철학의 태도야말로 우리가 가장 품위 있게 살아갈 수 있는 방편이라고 생각한다. 그는 이렇게 설명한다.

> 운명의 신에 의해 주어진 현재의 상황과 처지에 만족하지 못하는 이는 무지한 사람이다. 현재의 모든 상황과 그로 인해 발생할 모든 것을 당당하게 합리적인 태도로 수용하는 사람은 참된 인간으로 대접받을 자격이 있다.

이것이 우리 철학자가 제시하는 완전하고 충만한 인생의 개념이다. 그것은 자유롭고 행복하며 세계를 온전히 수용한 위엄 있는 삶이다. 또 내면의 회복 탄력성이 충만한 삶이다.

영혼의 자유를 추구하는 우리 철학자는 인간의 육신은 그저 도기 그릇이나 모래주머니, 혹은 뼈를 담은 포대에 불과하다는 사실을 우리에게 확인시켜주고 싶어 한다. 우리의 정체성은 육신이 아닌 영혼에 있다. 우리 영혼은 선택을 내리는 중앙통제센터이자 의지이며, 미덕을 함양할 수 있는 자아다. 어떤 환원주의 철학이나 오도된 과학도 이와 다른 결론을 입증할 수 없다. 정신이라는 실체를 지지하는 데 있어 육신이 무슨 역할을 수행하든지, 우리 자신이 누구이며 또 우리가 궁극적으로 무엇을 할 수 있는지를 최종적으로 결정짓는 것은 우리의 정신, 곧 정신의 활동인 선택과 태도다.

근본적으로 중요한 것은 내적 의지의 상태다. 때로 에픽테토스는 외적인 것들에 전혀 주의를 기울일 가치가 없다고 주장하는 듯하다. 외적인 것들로 인해 너무 흥겨워하지도 말아야 하고 너무 낙담해서도 안 된다는 것이 그의 입장이다. 외적인 것들은 '좋지도 나쁘지도 않은 무관심의 대상'에 속하기 때문이다. 그러나 스토아 철학 해설가들은 외적인 것들의 가치를 완전히 부정하지 않는 것이 스토아 철학의 관점이라고 해석해야 합당하다고 지적하는 경우가 많다. 사실 스토아 철학이라고 하면 외적인 것들을 부정한다는 생각이 떠오르기 쉽지만, 외적인 것들 때문에 감정이 전혀 동요해서는 안 된다는 것이 스토아 철학의 주장은 아니다. 에픽테토스가 이렇게 단언한 대목도 있다.

자기가 소유하지 못한 것들 때문에 슬퍼하지 않고 자기가 소유
한 것들을 두고 기뻐하는 자가 현명한 사람이다.

　여기서 자기가 소유한 것들에 '기뻐하는' 사람은 이 세상의 외
적인 것들에 마음이 전혀 동요하지 않는 사람이라고 보기 어렵
다. 그렇다면 외적인 것들의 가치를 일절 부정하고 있는 것은 아
니라고 봐야 한다. 어쩌면 매우 긍정적인 감정을 느끼고 있다고
도 볼 수 있다. 에픽테토스의 철학을 간단히 정리하자면, 외적인
것 자체에는 어떤 가치도 내재하지 않으며, 우리가 그것들을 사
용하는 방식에 따라 외부적인 혹은 도구적인 가치를 얻는다는
것이다. 따라서 이 세상에서 가치 있는 것의 궁극적인 원천은 곧
의지의 선택이라고 볼 수 있다.

　이성이 있고 감각이 있는 인간이 어떻게 외적인 것들에 아무
런 가치를 부여하지 않을 수 있는지 사실 우리로서는 이해하기
쉽지 않다. 하지만 다른 그 어떤 가치보다도 인격을 함양하는 일
이 우리 인생에서 가장 중요하다는 점을 고려하면, 우리가 외부
세계의 부침에 지나치게 자신을 내맡기는 성향이 있음을 지적한
에픽테토스의 조언은 여전히 유효하다. 외적인 것들에 너무 많
은 가치를 두는 태도에서 벗어나 스토아적 자유를 획득하는 사
람은 자신을 기만하지 않고 진실한 모습으로 목표를 성취하고

발전할 수 있는 힘을 얻게 된다.

에픽테토스는 그런 자유의 추구를 철학의 궁극적인 목적으로 본다. 그의 설명을 들어보자.

> 내게 다음과 같은 의도로 철학 학교를 찾은 젊은이가 있거든, 즉 이 문제에 적극적으로 동의하며 "어떤 문제나 장애를 만나도 거기에 매이지 않고, 자유인으로서 길흉화복을 경험하고, 신의 친구로서 하늘을 존중하고, 무슨 일이 일어나든 두려워하지 않고 살아가는 것이 내 의지에 달렸다면 나는 그것으로 충분합니다. 그 외의 것들은 모두 포기합니다"라고 말하는 젊은이가 있거든 내게 알려 달라. 누구든지 그런 사람을 지목한다면 나는 그에게 이렇게 말할 것이다. "젊은이여, 그것들은 그대에게 속한 것이니 온전히 소유하라. 그대야말로 철학을 돌봐야 할 운명이다. 이 책도, 이 대화도 그대의 것이다."

에픽테토스의 말에 따르면 이것이 스토아 철학의 이상이다.

분노에 끌려다니고 있지 않는가

현상은 본질만큼이나 중요할 수 있다. 특히, 우리가 어떤 현상을 다루는 방식은 그 현상의 본질인 객관적 실체를 다루는 방식만큼이나 중요한 문제일 수 있다. 어떤 상황에 대해 우리가 내린 해석이나 그 상황에 대한 반응이 상황 자체보다 더 중요할 수도 있다. 스토아 철학자들이 감정과 태도, 관점에 그토록 관심을 쏟은 것도 그런 까닭이다.

삶에서 부닥치는 여러 가지 일에 우리는 어떻게 대처하는가? 우리 앞을 가로막는 장애물을 다루면서 우리는 더욱 강해지는가 아니면 불안해하는가? 객관적으로 동일한 상황에 처한 두 사람이 있다고 할 때, 한 사람은 분노하고 또 한 사람은 침착하게 대응할 수 있다. 그 상황에서 누가 더 지혜롭게 판단하고 최선의 결정을 내릴 가능성이 높을까? 스토아 철학자들은 우리가 내면의 힘을 기르고, 현상을 올바로 다룰 줄 알아야 비로소 이 세상을 생산적으로 살아갈 수 있다고 확신한다.

에픽테토스는 우리가 원하지 않는 일이 뜻밖에 전개되었을 때 이에 대처하는 반응에는 크게 세 가지가 있다고 말한다. 첫 번째 선택 가능한 반응은 스토아적 자유를 얻지 못한 사람들의 삶에서 흔히 발견되는 분노다. 우리는 원치 않는 일이 발생하면 그 형태와 강도는 조금씩 다르지만 넓은 의미에서 분노라는 부정적인 감정을 품기 쉽다. 짜증, 좌절, 적대감, 명백한 분노의 감정을 표출한다. 위대한 스토아 철학자들은 하나같이 분노가 문제를 오히려 키우고 심지어 자기를 파괴하는 심리 상태의 하나라고 보았다. 부정적인 감정에 휩쓸려 비합리적으로 생각하고 부적절하게 행동하는 경우가 많기 때문이다.

갑작스럽게 닥친 불쾌한 일에 대한 두 번째 반응은 그 일에 대해 필요한 조치를 취하는 것이다. 원치 않는 일이 일어났을 때 우리가 그것에 대해 어떤 행동을 취할 수 있는 위치에 있다면, 우리는 옳고 그름에 대한 자신의 감각에 따라 그 상황을 교정하는 데 필요한 합리적인 행동을 주도적으로 취해야 한다. 스토아 철학에서는 우리가 직면한 상황과 우리가 취할 수 있는 가능한 행동

을 이성적으로 평가한 뒤, 이성이 시키는 대로 신중하면서도 효
과적일 것으로 보이는 방법을 적극적으로 실천해야 한다고 조언
한다.

그러나 문제를 해결할 조치를 아예 취할 수 없는 경우도 있고,
신중하고 효과적인 대책을 강구할 수 없는 경우도 있다. 따라서
우리가 원치 않는 사건에 직면해 세 번째로 선택할 수 있는 반응
은 수용이라는 자세다. 스토아 철학에서는 특히 외부의 사건을
수용할 줄 아는 마음 상태를 강력하게 권장했다. 분노라는 부정
적인 반응에 대해 스토아 철학에서 주로 관심을 두는 반응은 필
요한 조치를 취하거나 아니면 그 사건을 수용하는 것이다. 이 두
반응 모두 대다수 사람이 흔히 선택하는 것과는 전혀 다른 반응
이다.

에픽테토스는 세상에서 일어나는 일들에 대해 우리가 주도적
으로 실행할 수 있을 뿐 아니라 감정적으로 올바로 대처하는 데
도움이 되는 일종의 심리 프로그램을 우리에게 제공한다. 우선
스토아적 삶의 양식을 시작하는 출발점부터 살펴보자.

나는 무엇에 주의를 기울여야 하는가? 먼저 늘 적용할 수 있는
몇 가지 원칙이 있다. 이 원칙들은 매우 중요해서 잠을 잘 때도,
아침에 일어날 때도, 음료를 마시거나 식사를 할 때도, 다른 사

람과 대화를 할 때도 늘 염두에 둔다. 어느 누구도 다른 사람의 의지를 지배하지 못한다는 것, 그리고 좋고 나쁜 가치를 지닌 것은 의지뿐이라는 것이다. 그러므로 어느 누구도 내게 선을 가져다주거나 악에 빠뜨릴 만한 힘을 지니고 있지 않다. 이 문제에서 내게 영향을 미칠 수 있는 사람은 오직 나 자신뿐이다. 내가 분명히 이와 같이 정리하고 있다면 외적인 것들 때문에 내가 동요할 이유는 전혀 없지 않겠는가?

그러나 우리는 대부분 외적인 것들 때문에 마음이 동요한다. 화 또는 분노라는 형태의 동요가 현대 사회 구석구석에 만연하고 있다는 사실을 깨닫고 철학자인 나는 무척 놀랐다. 분노 때문에 결혼생활이 망가지고, 우정에 금이 가고, 동업자 관계가 무너지고, 삶이 힘들어진다. 분노는 긍정적인 성취를 방해한다. 또 정치가들이 분열하고, 세상에서 폭력과 보복의 악순환을 영속화한다. 분노라는 부정적 심리 상태가 대중에 만연하고, 또 그 파괴력이 엄청난 까닭에 스토아 철학자들은 이에 대해 특히 많은 가르침을 남겼다. 그 가운데 에픽테토스는 우리가 자주 경험하는 분노를 누그러뜨릴 실용적이고 효과적인 방법들을 제시했다.

첫째, 수많은 대화에서 에픽테토스는 우리에게 맥락화하기, 곧 모든 것을 적절한 관점에서 다시 해석하는 기법을 제시한다.

한 번은 이렇게 말한다.

> 그렇다면 나는 재판에 회부되어야 하고, 내가 아는 누군가는 열병을 앓아야 하고, 누군가는 위험한 여행을 떠나야 하고, 누군가는 죽음을 맞아야 하고, 누군가는 사형선고를 받아야 하는가? 그렇다. 이런 일들은 일어난다. 이 육신 속에서, 이 우주만물 속에서, 그렇게 많은 사람이 함께 사는 곳에서 그 같은 일들이 일어나지 않는 것이 오히려 불가능하다. 어떤 사람에게는 이런 일이, 또 어떤 사람에게는 저런 일이 일어나기 마련이다.

복잡하고 거대한 이 우주에서 모든 물질은 때때로 경로를 이탈하고, 서로 부딪히며, 사건들은 이따금 불행한 방식으로 교차한다. 그러나 좋지 않은 일이 일어났을 때 우리가 그 일을 거대한 우주적 관점에서 바라본다면 그리 충격적이지도 실망스럽지도 않은 일로 보일 것이라고 에픽테토스는 우리를 설득한다.

우리가 일련의 사건에 직면할 때마다 마음이 동요하는 것은 그 사건을 매우 제한된 맥락에서 극히 협소하게 해석하기 때문이다. 작은 무대에서는 어떤 것이라도 거대해 보일 수 있다. 그러나 우리가 마음을 가라앉히고 한 걸음 물러서서 우리를 불안하게 만드는 사건을 보다 크고 넓은 맥락에 배치한 뒤, 큰 그림을 그려보면 실상은 별로 대수롭지도 않고 두렵지도 않은 일임을 알게 된다. 크나큰 틀에서 보면 우리를 그토록 두려움에 떨게 하던 장애물도 처음 인상과는 달리 그리 위압적으로 보이지 않는다. 스토아 철학자들에 따르면 이 같은 맥락화contextualization를 제공하는 것은 이성의 임무다.

필자인 나는 효과적으로 감정을 제어하기 위한 맥락화 훈련에서 가장 중요한 것은 이성의 안내를 받아 적절한 상황을 설정하는 것임을 경험으로 확신하게 되었다. 우리 감정이 통제를 벗어나게 되는 원인은 이 상황 설정이 자주 이성의 통제를 벗어나기 때문이다.

에픽테토스는 인생에서 가장 중요한 것 가운데 하나는 우리가 '현상을 다루는' 방식이라고 생각한다. 여기서 그가 의미하는 것은 우리가 다른 사람들에게 투사한 이미지, 즉 세상에 나타나는 우리 자신의 모습이 아니라 외부 세계의 것들이 우리에게 나타나는 현상을 해석하는 방식을 말한다. 우리가 지금 걸어가는 모퉁이를 돌면 다음에 어떤 일이 일어날지 그 일을 통제할 수는 없지만, 뜻밖의 일이 우리에게 닥쳤을 때 그 현상을 우리가 어떻게 다룰지는 얼마든지 통제할 수 있다. 우리는 현상에 대한 우리의 해석을 조종하는 법 혹은 적절히 지배하는 법을 배워야 한다. 이 방법을 터득하게 되면 현상에 대한 반응인 우리 감정과 행동을 조종 혹은 지배할 수 있게 된다. 한 대목에서 에픽테토스는 이렇게 말한다.

> 이제 모든 냉혹한 현상을 향해 이렇게 말하는 연습을 즉시 시작하라. "넌 그저 현상일 뿐, 겉으로 보이는 것이 본질일 리는 없다." 그리고 그대가 지닌 규칙에 따라 현상을 살피고, 무엇보다 먼저 이렇게 자문해보라. 그것이 그대의 힘이 미치는 것들과 관련이 있는지 아니면 그대의 힘이 미치지 못하는 것들과 관련이 있는지 따져보라. 그리고 만약 그것이 그대의 힘이 미치지 못하는 것과 관련이 있다면 그대가 관여할 바가 아니라고 말할 준비를 하라.

사실 이 방법은 맥락화하기의 두 번째 형태로, 기존 관점을 변경하는 기법이다. 불쾌한 일을 보다 큰 맥락 속에 설정해보는 기법도 좋지만, 그 사건이 어떤 범주에 해당하는지 다시 말해, 우리 자신에게 달린 일인지 아니면 우리 통제 밖의 일인지 따져보는 방법도 좋다. 어떤 일을 후자의 범주에 포함시키는 맥락화 작업만으로도 현명한 사람은 얼마든지 그 일에 대한 관심을 거둘 수 있다는 점을 에픽테토스는 우리에게 이해시키고 싶어 한다.

에픽테토스가 우리 자신을 위해 '생생하게 그림을 그려보는'

시각화 능력을 얘기할 때 그는 인간의 상상력에 대해 다루고 있
다. 짜증나거나 분노를 일으키는 상황에 대처하는 방법으로 에
픽테토스가 두 번째로 제시한 심리 기법은 생생하게 시각화하는
능력을 동원해 아무 말 없이 잠잠하게 머릿속을 진정시키는 방
법이다. 분노를 자극할 만한 어떤 일이 발생하면, 에픽테토스는
우리에게 잠시 생각을 멈추라고 조언한다. 숨을 깊게 들이쉬고,
머릿속을 깨끗이 비운 뒤, 차분한 마음으로 상상력을 동원해야
한다. 고요하고 평화로운 장면, 이를테면 부서지는 태양 아래 반
짝이는 아름다운 해변이나 초록이 무성한 정원의 나뭇잎들이 부
드러운 바람에 흔들리는 모습을 떠올려보면 좋다. 입에서 무슨
말이 나오기 전에, 어떤 반응을 보이기 전에, 어떤 행동을 취하기
로 결정하기 전에 먼저 마음속으로 그런 곳에 있는 자신을 상상
해보라. 얼마 지나지 않아 혈압이 정상으로 내려오고, 심장 박동
은 안정을 되찾고, 흥분이 가라앉을 것이다.

어렵고 냉혹한 현상이 우리 앞에 모습을 드러낼 때마다 에픽
테토스는 아래와 같이 하라고 조언한다.

무엇이든 현상만 보고 성급하게 판단하지 말라. 그 대신 이렇게
말하는 것이다. "현상아, 잠시 기다려라. 네가 누구이며 정체가
무엇인지 알아야겠다. 먼저 너를 시험해보겠다." 현상이 그대

를 이끌고 앞으로 무슨 일이 일어날지 생생한 그림을 그려 나가
도록 허용하지 말라. 만약 주도권을 넘기면 현상은 그대를 이리
저리 제멋대로 끌고 다닐 것이다. 그 대신 그 영향력을 상쇄할
수 있는 아름답고 고상한 또 다른 현상을 그려보라. 만약 이 같
이 대응하는 데 그대가 익숙해지면 그대가 어떤 어깨, 어떤 근
육, 어떤 힘을 지니고 있는지 깨닫게 될 것이다.

이성과 상상력을 동원해 새로운 맥락을 설정하는 방법과 정신
을 환기시키는 방법 외에도, 에픽테토스는 정신을 사용하는 세
번째 심리 기법을 제시한다. 이번에는 우리의 상상력을 제약하
고 방향을 제어하는 방법이다. 그는 뜻밖의 사건이나 그 현상에
영향을 받아 부정적이고 유익하지 않은 방향으로 생각을 진행하
지 말라고 우리에게 조언한다.

어떤 사람이 저지른 일로 분노가 솟구치는 상황을 생각해보
자. 대개 이런 경우에는 그 현상에 즉각적으로 반응하며 부정적
으로 생각이 달리기 시작한다. 당신에게 상처를 주거나 화나게
만드는 그 사람의 모습을 마음속에 그린다. 아니면 그 사람에게
복수하는 자신의 모습을 마음속으로 '지켜볼' 수도 있다. 만약 생
각이 그런 방향으로 흐르도록 놔둔다면 이는 자신의 감정을 제
어하지 않고 사건의 첫인상에 자신을 내맡긴 셈이다. 에픽테토

스는 이런 식으로 상상이 흐르는 것을 거부하라고 우리에게 조언한다. 가해자가 당신에게 악랄한 행동을 하는 모습이 떠오르거든, 거기서 생각을 중단하라. 어떤 상황을 그려보는 시각화 작업을 더 이상 진행하지 말라. 방금 일어난 어떤 일에 대해 끔찍한 결말을 상상하고 있는 자신을 발견하거든 역시 상상하기를 중단하라. 이렇게 머릿속에 떠오른 그림은 짜증이나 좌절, 분노, 절망 같은 부정적인 감정에 불을 지필 수 있다.

에픽테토스는 우리가 삶을 살아가는 데 방해가 되는 부정적인 감정, 곧 여러 가지 형태의 분노라는 감정에서 우리를 해방시키기 위한 심리 기법을 아래와 같이 제공하고 있다. 당신을 화나게 하는 일이 일어나면 어떻게 반응해야 하는지 그 방법을 요약해보자.

(1) 적절한 관점을 설정한다.
(2) 생각을 잠시 멈춘다.
(3) 정신을 새롭게 한다.
(4) 떠오르는 생각을 제어한다.

우리의 현명한 조언자인 에픽테토스에 따르면, 상기한 기법들을 이용할 때 우리는 우리를 좌절시키는 상황에 직면해 보다 긍정적으로 반응할 수 있고, 너무 자주 분노하고 불평하는 습관보다 훨씬 더 건전하고 생산적으로 반응하는 습관을 기를 수 있다.

에픽테토스는 습관이나 성향, 기질을 삶에서 매우 중요한 요소로 보고 있다. 여기 몇몇 구절을 보면 에픽테토스가 장기적 관점에서 일상생활에서 미덕을 함양하는 문제를 어떻게 바라보았는지 알 수 있다. 먼저 일반적으로 적용되는 조언을 살펴보자.

모든 습관이나 능력은 그에 상응하는 행동을 함으로써 유지되고 강화된다. 걷는 습관은 걸어야 유지되고, 달리는 습관은 달려야 유지된다. 책을 잘 읽는 사람이 되려면 책을 읽어야 한다. 작가가 되고 싶다면 글을 써야 한다. 그러나 한 달 내내 책을 읽지 않고 대신 다른 것을 했다면, 당신이 보기에도 그 결과는 빤하다. 마찬가지로 열흘 내내 침대에만 누워 있다가 일어나 장거리를 걸으려고 하면 다리가 얼마나 약해졌는지 깨닫게 된다. 일반적으로, 어떤 행위를 습관으로 만들고 싶다면 그 행위를 하면 된다. 또 어떤 습관을 들이기 싫거나 제거하고 싶다면 그 일을 하지 말고 대신 다른 행위를 하며 거기에 익숙해지면 된다. 영혼이 느끼는 감정도 이와 마찬가지다. 당신이 어떤 일에 화를 냈다면 사악한 감정이 당신에게 들이닥쳤을 뿐 아니라 또다시 화를 냄으로써 부정적으로 반응하는 습관이 강화되었음을 알아야 한다. 당신이 불에 기름을 들이부은 것이다.

나중에 에픽테토스는 우리가 원치 않는 상황을 만났을 때 흔히 화를 내는 경향이 있음을 지적하면서 이와 동일한 원칙을 제공한다.

> 화를 내는 사람이 되고 싶지 않다면 그런 습관을 키우지 말아야 한다. 습관을 강화할 만한 빌미를 주지 말아야 한다. 먼저, 마음을 차분하게 가라앉히려고 애쓴 다음 그대가 화를 내지 않은 날이 얼마인지 날수를 세어보라. 나는 날마다 분노를 경험하다가, 하루걸러 경험했고, 얼마 뒤에는 이틀, 또 그 다음에는 나흘을 거르는 식으로 분노를 경험했다. 일단 분노를 느끼지 않고 한 달가량 지나고 나면 신께 제사를 지내라. 처음에는 화를 내는 습관이 약해지기 시작하고 그러다가 습관의 고리가 완전히 끊어질 것이다.

당장 습관을 바꿀 수는 없는 노릇이다. 습관을 바꾸려면 시간이 걸린다. 에픽테토스는 습관적으로 분노하는 반응을 교정하는데 30일가량 소요된다고 제시한다. 물론 그 습관을 제거했다고 해서 이후로 또다시 분노를 느끼지 않으리라고 보장할 수는 없다. 늘 분노로 치닫던 성향 혹은 기질이 약화되었을 따름이다. 분노를 피하는 최선의 방법은 다른 식으로 반응하는 습관 혹은 기질을 함양하는 것이다. 이를테면 마음을 가라앉히거나, 특정한 관점에서 사건을 다시 해석하고, 마음을 새롭게 한 다음에 적절한 행동을 취하는 법 등을 익혀야 한다.

에픽테토스는 우리가 외부 사건과 타인에게 어떻게 반응하는지를 주의 깊게 살피기를 권한다. 그가 칭송해마지 않는 스토아적 자유란 앞에서 살펴본 특정한 내면의 관점을 취하는 것, 그리고 어떤 상황에 직면했을 때 그 상황에서 가장 중요한 일, 특히 사람의 주된 의무로 여겨지는 미덕을 열심히 함양하는 일에 밤낮으로 주의를 집중하는 자세에 달렸다. 잠시라도 주의를 집중하는 일을 소홀히 했다가는 옛 습관이 다시 살아나 우리를 지배하려 들 것이고, 다시 말썽을 피울 것이다. 그의 설명을 들어보자.

> 잠시 한눈을 팔아도 마음만 먹으면 언제든 제자리로 돌아갈 수 있다고 생각하지 말라. 오늘 범한 잘못 때문에 결국은 그대의 문제가 앞으로 더 악화될 수밖에 없다는 점을 항시 염두에 두어야 한다. 우선, 주의를 기울이지 않는 습관이 이런 식으로 당신 안에 자리 잡으면, 의도했던 일을 연기하는 습관이 형성된다. 이렇게 당신은 때때로 행복한 삶을 미루는 데 익숙해지고, 자

연과 조화를 이룬 존재로 살아가는 경험을 늦추게 된다. 만약에 잠시 한눈을 파는 것이 유익하다면, 아예 주의를 집중하지 않는 편이 훨씬 나을 것이다. 반대로 그러는 것이 전혀 유익하지 않다면, 왜 우리는 지속적으로 주의를 집중하지 않는 것일까? "오늘 나는 놀기로 선택했다." 좋다, 그러면 주의를 집중해서 놀아야 하지 않을까? "노래를 부르기로 선택했다." 그런데 무엇 때문에 주의를 집중하지 못하는가? 이 원칙이 적용되지 않는 삶의 영역이 존재하는가? 주의 집중의 문제가 적용되지 않는 곳이 있는가?

주의 집중의 문제는 우리가 앞서 살펴보았듯이 동서양 철학이 공유하고 있는 주제이며, 세계의 주요 종교에서도 강조하는 문제다.

우리가 무엇에 주의를 기울이는지, 또 어떻게 주의를 기울이는지에 따라 우리의 생각과 느낌, 행위가 결정된다. 에픽테토스는 우리가 삶을 몽유병자처럼 잠결에 흘려보내지 말고 타당한 방식으로, 경험하는 모든 것에 집중하며 살아갈 것을 강조한다. 우리가 그의 조언을 따른다면 외부 세계의 현상을 올바로 선용할 수 있고, 수많은 난관이 우리 앞길을 가로막아도 평정심을 유지할 수 있다.

아름다운 사람이 되고 싶다면

The Wisdom of
Epictetus

자신이 어떤 사람인지를 생각하기보다는 다른 사람이 자신을 어떻게 생각하는지 신경 쓰는 사람이 너무 많다. 윤리적 관점에서 볼 때, 이런 태도는 삶에 관한 전반적인 태도라든가 자신의 목표를 성취할 때 접근하는 방법을 왜곡시키곤 한다. 겉으로 드러나는 외관이 인격보다 더 중요한 관심의 대상이 되고 나면, 우리는 본질적으로 선한 가치를 추구하기보다는 주변 사람들에게 인정받기 위해 더 신경을 쓰게 된다.

그대는 좋은 일을 하고 싶은가 아니면 칭송 받기를 원하는가?

이와 관련해 에픽테토스는 아래와 같이 생생한 비유를 들려준다. 그의 말을 들어보자.

> 태양은 떠오르기 위해 누군가의 기도나 주문을 기다리지 않으며, 바로 당장에 빛을 발하고 모든 이에게 칭송을 듣는다. 이와 마찬가지로 그대는 선을 행하기 위해 갈채와 환호, 칭찬을 기다려서는 안 된다. 자발적으로 선을 행하는 사람이 되면 태양처럼 사랑받을 것이다.

확실히 사람들은 자극을 받아야 움직이는 경우가 많다. 하지만 요즘 말로 하자면, 에픽테토스는 우리에게 주도적으로 살아가기를 원한다. 그는 우리가 세상에서 주체적으로 선한 일을 행할 것을 권한다. 선행하는 것이 만인의 사랑을 받을 때까지 기다리지 말고 지금 당장 올바로 살라는 것. 이것이 에픽테토스가 주장하는 바다.

그러면 우리는 어떻게 선을 실천하는 사람이 될 수 있는가? 내면의 자아가 선한 사람이 되어야 한다. 에픽테토스가 생각하기에 일상생활에 적용되는 윤리란 곧 의지를 단련하는 문제다. 그가 이해하는 바로는, 의지는 선택 능력 — 결정하고 결심을 실행하는 역량 — 일 뿐 아니라, 미덕 혹은 악덕이 자리하는 장소로 우리가 내린 선택의 품질을 결정한다. 그의 말을 들어보자.

> 의지가 똑바로 서면 선하지 않았던 사람도 선해지지만, 의지가
> 똑바로 서지 못하면 선한 사람도 나쁜 사람이 된다.

그러면 어떻게 의지를 똑바로 세울 수 있는가? 사실 해답은 매우 단순하다. 먼저, 스토아적 자유에 이르는 원칙들을 배우고, 기억하고, 실천해야 하고, 우리를 방해하는 장애물을 끊어내야 한다. 그러지 않으면 우리 의지는 외적인 것들에 사로잡힌 채 부적절하게 그것만 추구하게 될 것이다. 우리는 모두 이성의 힘으로 자신의 감정을 다스리고 올바른 행위를 선택해야 한다. 상상력을 동원할 때에도 이성의 인도를 받아야 한다. 또 우리의 지혜와 미덕을 향상시켜줄 수 있는 사람들과 교제하는 일이라면 무엇이든 힘이 닿는 대로 노력해야 한다.

에픽테토스는 늘 그렇듯 생생한 비유를 들어 이렇게 말한다.

> 담소를 나누기 위해서든, 함께 어울려 술을 마시기 위해서든,
> 사교적 만남을 위해서든 그대가 어떤 이들을 자주 만나다 보면
> 반드시 그들을 닮아가거나 아니면 그들이 변화되어 그대를 닮
> 아갈 것이다. 벌겋게 타고 있는 석탄 위에 어떤 사람이 차갑고

축축한 석탄을 올려놓으면 불씨가 꺼진 그 석탄이 한창 타고 있는 석탄마저 꺼뜨리든지, 아니면 뜨겁게 타고 있는 석탄이 이미 꺼진 석탄에 다시 불씨를 지필 것이다. 이처럼 범부와 가까이 교제하는 일은 위험천만한 일이므로 매우 조심해야만 한다. 검댕을 잔뜩 뒤집어쓴 사람과 줄곧 어울리면서 검댕이 조금이라도 묻지 않기란 불가능하다는 사실을 기억하라.

참으로 생생한 비유다. 검댕은 들러붙고 얼룩지고 여기저기 옮아간다. 더러움은 전염된다. 깨끗함을 유지하려면 힘이 든다. 또 잘 알듯이, 개들과 함께 잠자리에 드는 자는 벼룩과 함께 일어나기 십상이라는 속담도 있다. 위대한 철학자들은 물론이고 오래전부터 전해 내려오는 잠언에서도 인정하듯이, 행동은 참으로 전염성이 강하다.

에픽테토스는 지혜와 미덕을 함양하려고 자신을 찾아온 학생들에게 말했다.

선한 생각을 품는 습관이 그대 안에 확고히 뿌리내리고 마음의 안정을 유지할 정도의 힘을 얻기까지는 성질이 천박한 필부들과 교제하는 데 신중을 기하기 바란다. 그렇지 않으면, 학교에서 배우며 정신에 새긴 가르침이 태양에 노출된 밀랍처럼 모두

뜨거운 열기 아래 눈 녹듯 사라질 것이다. 애써 함양한 숭고한 생각들을 사라지게 만드는 열기의 진원지에는 될수록 접근하지 말아야 한다.

우리는 주변 사람들을 닮아간다. 그러므로 현명한 자, 선한 자와 가능한 한 많은 시간을 보내야 한다.

에픽테토스에 따르면 사람은 사회적 존재다. 따라서 어떤 사람들과 어떤 관계를 맺느냐 하는 것은 우리의 현재 모습과 미래 모습을 형성하는 데 지대한 의미가 있다. 우리는 물질보다 사람이 훨씬 더 귀중하다는 사실을 한시라도 잊지 말아야 한다. 물질적으로 풍요로우면 편리하고, 쾌적하고, 즐겁게 살 수도 있다. 또 그 덕분에 목숨을 구할 수도 있다. 근사한 물건들을 소유하는 것이 잘못된 일은 아니다. 하지만 좋은 친구를 얻는 것이 훨씬 더 중요하다. 우리의 현자인 에픽테토스는 이렇게 조언한다.

한 무리의 소 떼를 모으려 애쓰기보다는 한 무리의 친구를 집에 초대하는 데 힘쓰라.

후자 쪽이 집 안을 훨씬 더 깔끔하게 하고 개인적으로 얻는 만족감도 더 크다.

그러면 우리는 어떤 사람을 친구로 사귀어야 하는가? 선한 자, 현명한 자, 자유로운 자를 사귀어야 한다. 하지만 어떻게 그런 사람들을 알아볼 수 있는가? 사귈 사람을 선택하는 올바른 방법은 무엇인가? 사람들이 친구를 선택하는 기준은 다양하다. 배경이 비슷한 사람들과 어울리는 이들도 있고, 관심사가 비슷한 이들에게 끌리는 이들도 있다. 에픽테토스는 우정을 나눌 만한 사람인지 시험할 수 있는 철학적 기준을 제시한다. 그의 말을 들어보자.

> 대다수 사람이 신경 쓰는 것들은 살피지 않아도 좋다. 자기 부모와 동일한 수준의 부모에게 태어났는지, 재력이나 교육 정도가 동일한 수준인지, 같은 스승에게 배웠는지는 따질 필요가 없다. 오직 하나, 그들이 어디에 관심을 쏟는지만 따지면 된다. 외적인 것에 신경을 쓰는가 아니면 의지를 단련하는 데 신경을 쓰는가? 만약 그들이 온통 외적인 것에만 신경을 쓴다면 친구로 삼을 생각은 버려라. 그런 사람들을 믿음직하고, 변함없고, 용감하거나 자유로운 사람이라고 생각지 말라. 그대에게 판단력이 있다면, 그들을 사람이라고 여기지도 말라.

그는 계속해서 이렇게 말한다.

그러나 의지가 작용하는 곳, 또 현상을 바르게 쓰는 곳에서만 오직 선함을 찾을 수 있다고 말하는 사람들이 있거든 그가 아버지이든 아들이든, 형제이든, 혹은 오랜 세월 교제한 지인이든 동료이든 이런 것들을 따지느라 고민하지 말고, 그 말만으로도 신실하고 정의로운 사람이라고 믿어도 좋고 자신 있게 그들을 친구라고 선언해도 좋다. 신실함과 겸허함이 있고, 진실함만을 교류하는 곳이 아니면 대체 그 어디에서 우정을 찾을 수 있겠는가?

물론, 이는 스토아 철학에서 참된 우정을 규정하는 기본 요건이나 관점일 뿐 여기에는 반론이 있을 수 있다.

에픽테토스는 우정을 규정하는 그의 엄격한 기준에 반론을 제기하는 학생들을 가정하고 이런 얘기를 한다. 어떤 사람이 동료로서 또 오랜 세월 함께 지낸 지인으로서 내게 자주 호의를 베풀거나 애정을 보였다면 그는 친구인가, 아닌가? 그가 스토아 철학에서 말하는 교리들을 따르며 살지 않았다 해도 참된 우정의 지위를 얻기에는 충분하지 않은가? 에픽테토스는 이렇게 반문한다.

그대는 이렇게 말할 것이다. "어떻게 나를 사랑하지도 않으면서 오랫동안 내게 호의를 베풀 수 있는가?" 하지만 그대는 신발을 닦거나 말을 씻길 때 쓰는 스펀지를 대하듯 그 사람이 그대를 바라보지 않았다고 어떻게 알 수 있는가? 그대의 쓸모가 다했을 때 그 사람이 그대를 깨진 접시마냥 내다버리지 않으리라는 것을 어떻게 알 수 있는가?

삶의 철학은 두 종류뿐이다. 외적인 것을 숭상하는 사람들이 있고, 내적인 것에 집중하는 사람들이 있다. 물질을 축적하며 쾌락을 얻는 사람들과 미덕을 함양하며 쾌락을 얻는 사람들이 있다. 여기서 에픽테토스는 외적인 것에 휘둘리는 사람은 무언가를 이용하기만 하는 사람이어서, 멀리 내다봤을 때 전적으로 신뢰할 수 있는 사람이 아니라고 말하고 있는 듯하다. 내면의 의지를 선용할 줄 아는 사람, 내재적 가치가 있는 것을 귀하게 여기는 사람만이 친구라고 불러도 좋을 만큼 견고하고, 안정적이고, 믿음직하다는 것이다.

한 사람이 추구하는 선은 무엇보다도 그가 취한 철학적 입장과 그의 의지가 작용하는 기본 방향에 달려 있다. 에픽테토스는 우리가 의지의 방향을 올바로 정하지 않고, 가능한 한 그 방향으로 나아가도록 우리를 지원해줄 사람들과 교류하지 않는 한 도덕이나 윤리를 똑바로 세울 수 없다고 생각한다. 우리가 정도에서 벗어나지 않기 위해 도움을 받는 대상이 반드시 우리가 만나

는 현실 속의 친구와 동료일 필요는 없다. 만날 수 없는 사람이라
도 얼마든지 머릿속으로 떠올리며 교류할 수 있다. 유혹에 저항
하는 방법을 논의하면서 에픽테토스는 이렇게 말한다.

> 그들이 살아 있는 사람이든 이미 죽은 사람이든, 숭고하고 정의
> 로운 사람들 속으로 잠시 들어가 그들과 자신을 비교하는 시간
> 을 갖는 것만으로도 충분하다.

에픽테토스는 소크라테스를 본보기로 이용한다. 에픽테토스
는 우리 모두 믿고 따라야 할 본보기가 있어야 한다는 주장에 세
네카와 같은 의견을 내놓는다. 유혹을 느끼거나 어려운 의사결정
을 내려야 하는 힘든 시기에 고대나 현대의 위대한 스승을 떠올리
는 것만으로도 상당한 도움을 받을 수 있다. 소크라테스라면 어떻
게 했을까? 예수라면 어떻게 했을까? 아버지나 어머니는 어떻게
결정했을까? 자신이 존경하는 스승이나 유명한 성자를 생각하는
것만으로도 우리 영혼은 통찰을 얻고 의지를 굳게 다져 아무리 어
려운 상황에서도 올바르게 행동할 수 있는 힘을 얻는다.

이 모든 방법을 써 봐도 효과가 없어서 스스로 잘못된 일임을
짐작하면서도 계속 유혹에 넘어가는 사람들에게 에픽테토스는
아래와 같이 조언한다.

먼저, 그대가 하고 있는 일이 잘못되었다고 정죄하라. 그리고 이미 그런 일을 저질렀다고 해도 자신에게 절망하지 말라. 한 번 포기하고 나면 마치 급류에 휩쓸려 떠내려가듯 자신을 완전히 내버리고 살아가는 열등한 영혼들과 동일한 처지에 빠지지 말라. 소년들을 가르치는 감독이 그들을 어떻게 다루는지 생각해보라. 한 소년이 넘어졌는가? 그러면 그들은 이렇게 말할 것이다. "일어나라. 강해질 때까지 다시 싸워라." 그대도 이렇게 해야 한다. 단언컨대 인간의 영혼처럼 단련하기 좋은 대상도 없다.

세상에 완벽한 사람은 없지만, 적어도 이론상으로는 모든 사람을 교정할 수 있다. 우리는 모두 성장하는 과정에 놓여 있다. 인생에 관해 올바른 관점을 세우고 그 관점을 지키려고 시도하는 것을 멈춘 사람들에 관해 얘기하면서 에픽테토스는 이렇게 말한다.

몸이 아프면서도 행복해 하는 사람, 위기에 처해 있으면서도 행복해 하는 사람, 죽어가면서도 행복해 하는 사람, 추방당했으나 행복해 하는 사람, 수치를 당했으나 행복해 하는 사람이 있다면 내게 가르쳐 다오. 신들에게 맹세코 나는 참된 스토아 철학자와 만나기를 간절히 바라노니, 그런 사람이 있다면 내게 가르쳐 다오. 그런 사람을 찾을 수 있겠는가? 찾을 수 없다면 이렇게 되어 가고 있는 사람이라도 가르쳐 다오. 스토아 철학자가 되려는 성향을 보여주는 사람이라도 있다면 내게 가르쳐 다오.

노예 출신으로 철학을 통해 영혼을 해방시키는 데 헌신했던 에픽테토스는 우리가 저지른 실수를 정죄하는 데에는 전혀 관심이 없다. 그는 우리가 성장하도록 격려하는 일에 관심이 있을 뿐이다. 그는 우리가 완벽하게 일관된 모습을 보이리라고 기대하지도 않는다. 그저 우리가 계속 시도하기를 권할 따름이다.

우리는 물욕이 강한 존재들이다. 적당히 가지기보다는 모두 가지고 싶어 하고, 그것도 지금 당장 소유하는 편을 선호한다. 우리 욕망이 외부 세계의 물질을 향하든 아니면 지혜와 미덕을 함양하는 내면의 자아로 향하든, 원하는 것이 있다면 가능한 한 빨리 손에 넣어야 좋다고 생각하는 경향이 있다. 물질주의자들은 물질에 탐욕을 느낀다. 하지만 영적인 존재가 되면 내면의 완성을 열광적으로 추구한다. 에픽테토스는 우리에게 기억에 남을 비유를 하나 들었다.

목이 좁은 단지에 손을 집어넣고 땅콩과 무화과를 잔뜩 꺼내려는 어린이들에게 이런 일이 자주 일어난다. 만약 아이들이 물건을 한 손에 가득 움켜쥐면 손을 빼내지 못해 결국 울음을 터뜨릴 테다. 손에서 조금만 덜어내면 꺼낼 수 있는데도 말이다. 그대의 욕망도 마찬가지다. 너무 많은 것을 욕망하지 않으면 원하는 것을 얻을 수 있다.

탐욕은 역효과를 낸다. 만족이라는 기본 원칙은 육신의 영역뿐 아니라 정신과 윤리에도 적용할 수 있다. 야심을 품는 것은 좋은 일이다. 목표를 높게 세우는 것도 좋은 일이다. 하지만 자신이 최선을 다해서 달성한 정도에 만족할 줄 알아야지 현재 상태에 좌절하는 것은 금물이다. 그리고 매사에 우리 자신을 위해 세운 가장 중요한 목표, 곧 스토아적 자유를 얻고 고결한 의지를 함양하는 일을 향해 단호하게 나아가야 한다. 에픽테토스는 이렇게 조언한다.

자족함으로써 자신을 보호하라. 난공불락의 요새가 될 것이다.

자족은 마지못해 따르는 것이 아니다. 고분고분한 태도를 말하는 것도 아니다. 이는 스토아 철학에서 강조하는 삶을 수용하는 자세로, 자기 파괴적이고 부정적인 감정으로부터 자신을 해방시킬 수 있는 효과적인 방법이다.

남자든 여자든 외적인 것들과 의지에 대해 올바른 관점을 견지하고, 야망을 잃지 않으면서도 자족할 줄 알고 또 선행을 쌓는 친구들이 주변에 있는 사람이라면 이 세상에서는 보기 드물지만 자아의 완성을 실현할 수 있는 차원에 놓여 있다고 봐야 한다. 에픽테토스는 이렇게 설명한다.

> 개가 아름다울 때는 언제인가? 개의 탁월성을 갖추었을 때다. 말馬이 아름다울 때는 언제인가? 말의 탁월성을 갖추었을 때다. 그렇다면 인간이 아름다울 때는 언제인가? 인간의 탁월성을 갖추었을 때가 아니겠는가? 그러므로 젊은 그대여, 그대가 아름답기 원한다면 인간의 탁월성을 획득하기 위해 부단히 노력해야 할 것이다. 그러면 탁월성이란 무엇인가? 그대가 공평하게 사람들을 칭찬할 때, 칭찬받는 그 사람들을 자세히 살펴보라. 그대가 칭찬하는 사람은 정의로운 사람인가 불의한 사람인가? 정의로운 사람이다. 그대가 칭송하는 사람은 중도를 지키는 사람인가 치우친 사람인가? 중도를 지키는 사람이다. 그대가 칭송하는 사람은 자제력이 있는 사람인가 자신을 제어하지 못하는 사람인가? 자신을 잘 통제하는 사람이다. 만일 그대가 그런 사람이 된다면, 그대가 아름다운 사람이 될 것이다. 그러나 이

런 미덕을 무시하는 한, 아무리 아름답게 보이려고 노력할지라
도 그대는 진정 추한 사람으로 남을 것이다.

아무리 오래 체육관에서 몸을 단련하고 의상실에서 꾸미더라
도 그 아름다움은 내면의 탁월함이 만들어내는 아름다움에는 미
치지 못할 것이다. 진정으로 인간이 아름답게 빛나려면 외면의
미보다는 내면의 미가 앞장서야 한다.

물론 에픽테토스는 오늘날 현대인들이 그릇된 가치를 이토록
소중하게 여길 줄은 상상도 할 수 없었을 것이다. 우리는 방탕하
고 과도하게 살아가는 사람들을 칭송하는 듯한 시대를 살고 있
다. 또 현대 문화는 사람의 내면보다는 외면의 아름다움을 더 찬
양하는 듯하다. 그러나 오늘날에도 성숙한 개인들은 여전히 에
픽테토스가 승인하는 미의 세계를 지향한다. 에픽테토스는 이렇
게 설명한다.

그대는 살과 머리카락이 아니라 의지다. 그러니 의지를 아름답
게 가꾸면 아름다운 인간이 될 것이다.

인생에서 선함과 아름다움은 그 뿌리가 같다.
에픽테토스는 주로 인생을 안내하는 데 도움이 되는 기본 원

칙이나 철학적 방향에 대해 관심이 많았지만, 윤리적 문제에 대해서도 세부적으로 많은 조언을 제시했다. 일례로 그는 이렇게 말한다.

우리가 해서는 안 되는 일은 생각조차 하지 말아야 한다.

그리고

어떤 말을 하거나 행동을 하기에 앞서 신중하게 생각하라. 이미 내뱉은 말이나 저지른 행동을 되돌릴 힘이 그대에게 없으므로.

하지만 최종적으로 결론을 내리자면 오랜 세월에 걸쳐 독자들에게 영감을 주었던 것은 세부 사안에 대한 조언보다는 인생 전반에 대해 에픽테토스가 제시하는 관점이었다. 그의 전제는 간단하다. 인생관을 올바로 설립하면 그에 따라 세부 항목들도 자연히 제자리를 찾는다는 것이다.

에픽테토스가 생각하는 좋은 삶은 자연히 좋은 죽음이라는 개념을 포함한다. 그의 생각에 인간은 누구나 연회에 초대받은 손님과 같다. 연회가 지속되는 한 만찬을 즐겨야 하고, 연회가 끝나면 주인에게 감사하다고 말해야 한다. 물론, 사람이라면 누구나

삶이 끝나는 것을 두려워하는 줄 알면서도 그는 다양한 방법으로 죽음의 문제를 토론한다. 예를 들면,

죽음이 악으로 보인다면 우리는 이 원칙을 마음에 새겨 대비하고 있어야 한다. 악은 피해야 옳지만 죽음은 피할 수 없는 것이다.

모든 악은 피해야 한다. 하지만 죽음은 피할 수 없는 것이므로 악이 아님이 분명하다는 것이 그의 논리다. 따라서 죽음은 받아들여야 한다. 에픽테토스 자신은 또 다른 대목에서 아래와 같이 이 입장을 강조한다.

나는 분명 죽을 것이다. 만약 그때가 바로 지금이라면 나는 죽을 준비가 되었다. 지금은 때가 아니라면 점심시간이 다가오므로 잠시 뒤에 나는 식사를 할 것이다. 그 후에 나는 죽을 것이다. 어떻게 죽느냐고? 다른 사람 소유의 물건을 내놓는 사람처럼 죽음을 맞을 것이다.

이는 궁극의 평정심이다. 한 치도 불안해하지 않는 고결한 정신이며, 완벽한 내면의 회복 탄력성이다.

외적인 것에 관심을 끊고 한시도 방심하지 말고 내면의 자아

에 집중하라고 엄격하게 실천을 요구하는 스토아 철학의 교리에 이의를 제기하는 한 학생과 에픽테토스는 가상의 토론을 벌인다. 이 젊은이는 특히 죽음을 수용하는 스토아 철학의 자세에 충격을 받았다. 자신의 스승인 에픽테토스가 요구하는 관점과 정신 훈련에 괴로워하다가 마침내 이렇게 반문한다. "그러면 이런 식으로 내 목숨을 잃어야 한다는 말인가요?" 마치 철학 자체가 그의 목숨을 앗아가기라도 할 듯이 격분해서 묻는 학생에게 스승은 이렇게 답한다.

> 그대는 고결한 일을 하다가 선한 사람으로 죽을 것이다. 사람은 누구나 죽을 운명이고 죽는 순간에는 필연적으로 어떤 일을 하다가 발견되기 마련이다. 농장주가 제공한 일자리를 찾아다니다가, 땅을 경작하다가, 물건을 팔다가, 영사의 직임을 수행하다가 아니면 소화불량이나 설사로 괴로워하다가 불현듯 죽음을 맞을 테다. 그러면 죽음에 붙들리는 순간 무슨 일을 하고 있기를 바라는가? 나는 개인적으로 인간에게 합당한 좋은 일, 대의에 부합하는 고상한 일을 하고 있는 중에 죽음을 맞고 싶다.

좋은 삶과 좋은 죽음 외에 더 이상 바랄 것이 무엇인가? 좋은 죽음은 오로지 좋은 삶에서 비롯된다.

불안을 진정시키는 생각

The Wisdom of
Epictetus

에픽테토스는 인간 내면의 탁월성을 깨우기 위한 그림을 더할 나위 없이 생생하게 제시했다. 그는 우리가 살면서 내면의 탁월성을 기르고 강화하는 데 필요한 지적 훈련 외에 실천해야 할 여러 가지 삶의 기술을 제시한다. 한 대목에서 에픽테토스는 이렇게 말한다.

먼저, 자신이 어떤 사람이 되고 싶은지 생각하고, 무슨 일을 하든지 그것과 일치하게 행동하라. 이 원칙은 거의 모든 활동에 작동한다. 육상 운동을 하는 사람들은 먼저 그들이 원하는 목표를 결정하고 거기에 따라 행동하라. 만약 장거리 육상선수라면 그에게 맞는 특정한 식단의 섭취와 걷기 훈련, 마사지, 체력 단련이 필요하다. 만약 단거리 육상선수라면 그에게 필요한 활동은 이와 다를 것이다. 만약 5종 경기에 출전할 예정이라면 그것들은 더욱 차이가 날 것이다. 기예를 닦는 분야에서도 이 원칙은 동일하게 작동한다. 만약 당신이 목수라면 거기에 맞는 특정한 작업이 있을 것이고, 금속공예가라면 목수와는 또 다른 작업을 해야 할 것이다. 분명한 목표를 세우지 않고 어떤 일을 한다면 헛되이 수고하는 것이 되고, 목표에 맞지 않는 노력을 한다면 목표를 달성하지 못할 것이다. 이처럼 모든 사람은 전체 목표를 세우고 또 그에 맞는 세부 목표를 세운다. 하지만 우리는 먼저, 참된 인간으로 살아야 한다.

참된 인간답게 행동한다는 것은 자신의 신념 체계를 수호하고, 욕망을 다스리고, 자신의 영혼을 고양시키는 것을 목표로 감정과 태도, 행동을 정성스레 연마하는 것을 의미한다. 우리는 내면에 있는 신성한 불꽃, 곧 우리가 의지라고 부르는 선택 능력에 초점을 맞추고, 다음과 같이 우리 자신을 다스려야 한다. 다시 말해, 우리가 유일하게 제어할 수 있는 내면의 실체에 집중해야 한다. 그것이 의지가 하는 일이며 덕을 함양하며 성장하는 길이다. 또 우리가 제어하지 못하는 삶의 외적인 것들에 대해서는 편안한 마음으로 수용하는 태도 혹은 동요하지 않는 무관심한 태도로 일관해야 한다.

에픽테토스는 우리가 행복하게 살도록 창조되었으며, 행복하려면 근심에서 자유로워야 한다고 믿는다. 근심은 외적인 것들에 긍정적인 가치를 부여하는 태도와 연계되어 있다. 그런 까닭에 우리는 외적인 것들을 얻지 못하면 좌절하고, 그것들을 잃고 나면 깊은 상실감을 느낀다. 또 그것들을 소유하고 있는 동안에도 혹시 잃어버릴까봐 두려워하고 초조해한다. 우리 영혼이 진정한 자유를 얻으려면 우리가 포기해야 할 욕망의 대상, 동경의 대상, 집착의 대상이 있음을 인정하고, 외부에서 내면으로 관심을 전환해야 한다고 에픽테토스는 생각한다. 그래야 외부 세계의 것들에 매여 있는 감정적인 고리를 끊을 수 있다는 것이다. 스토아적 자유에 이르고자 하는 의욕은 어디에서 나오는가? 우리가 직면할 사건에 개입하는 자애로운 신의 손길을 신뢰하는 마음으로 자신의 죽음과 또 죽음에 필연적으로 수반되는 외적인 것들의 상실을 냉철하고 솔직하게 성찰함으로써 가능하다. 에픽테토스는 우리에게 다음과 같이 조언한다.

숨 쉬는 것보다도 더 자주 신을 생각하라.

수많은 문제가 넘실대는 이 세상에 살면서 고결한 목표에 주의를 집중하는 자세는 우리를 죽음의 바다에서 구원해줄 구명줄이 됨과 동시에 고결한 삶의 자세를 함양하는 토대가 된다.

에픽테토스가 우리에게 강력하게 권하는 내면의 평정심과 미덕에 대한 가치관은 확실히 고결하다. 그런데 그의 주장이 극단적인 것은 아닐까? 그는 부정적인 감정으로부터 해방되는 것을 중요하게 여긴 나머지 부정적인 감정을 허용할 수 있다는 이유로, 외적인 것들에 긍정적 가치를 부여하는 일체의 행위를 철저하게 기피해야 한다고 주장하는 것 같다. 이 입장은 우리 의지와 상관없이 불가피하게 어떤 것을 잃어야만 하는 상황에도 그대로 적용된다. 대다수 사람이 쉽게 동의하기 어려운 몇 가지 극단적인 조언을 살펴보자. 일례로 우리가 상실, 슬픔, 분노의 감정을 느끼는 보편적인 상황을 예로 들면서 그는 이렇게 말한다.

> 의복을 우러러보지 말라. 그러면 도둑에게 화낼 일이 없을 것이다. 아내의 미모를 우러러보지 말라. 그러면 불륜을 범한 남자에게 화낼 일이 없을 것이다.

비이성적으로 화를 터뜨리거나 분노가 펄펄 끓어 우리 영혼이 망가지는 일을 피하는 것도 무척 중요할 것이다. 하지만 그렇다고 해서 어떤 형태로든 의분義憤을 느끼는 것조차 부적절하다고 말할 수 있을까? 좋은 의복을 무척이나 즐기지만, 거기에 집착하지는 않기 때문에 혹시 그것들을 잃는다 해도 심정적으로 허탈할 일이 없는 상태도 가능하지 않을까? 아내로 인해 혹은 아내와 불륜을 저지른 다른 사내 때문에 상처받을 일을 만들지 않으려고 아내의 미모를 보고도 칭송하지 말라는 조언은 아무래도 극단적이고 한쪽으로 치우친 주장처럼 보인다.

에픽테토스는 내면의 성장과 아름다움에 관심을 쏟았기 때문에 외적인 측면을 가꾸고 꾸미려는 인간의 자연스러운 관심에 대해 다음과 같은 말을 했다.

> 그러면 육신은 어떻게 하는가? 생긴 그대로 내버려두라. 육신을 돌보는 이는 따로 있으니 그에게 맡겨라.

물론, 이는 대다수 사람이 흡족하게 받아들이기 어려운 충고다. 육신을 무시하는 자세는 영혼의 고결함을 지키기 위해 반드시 필요한 것일까? 이 주장 역시 확실히 극단적이고 잘못된 것 같다.

스토아 철학의 기본 입장을 표명하면서 에픽테토스는 이렇게 말하기도 했다.

어떤 일이 발생하든지, 만약 그것이 내 의지와 무관한 일이라면, 내게는 아무 의미도 없는 것임을 깨달았다.

우리 의지에 달려 있지 않은 것들은 모두 내게 '아무 의미도 없는 것'이어야만 할까? 우리 생각에는 아무리 봐도 극단적으로 보인다. 우리가 긍정적인 가치를 부여하지만 거기에 예속되지 않는 성격의 외적인 것들을 담아내는 범주는 정녕 존재하지 않는가?

우리가 사물과 맺는 관계를 논의하면서 에픽테토스는 이를 우리가 타인과 맺는 관계에 확대 적용한다. 이 주장을 살펴보자.

무언가를 얻어 즐거울 때는 어느 누구도 빼앗지 못할 물건을 소유한 듯이 지극한 즐거움을 느끼지 않도록 주의하고, 흔한 도자기나 유리잔 같은 물건을 얻었을 때에 느낄 법한 정도의 감정을 유지하라. 그러니까 혹시 깨지더라도 크게 상심할 일이 없다는 점을 기억하라. 마찬가지로 자녀나 형제, 혹은 친구에게 입을 맞출 때에도 현상을 전적으로 신용하거나 마음 가는 대로 지극한 기쁨을 느끼지 말고, 개선장군 뒤에 선 노예가 장군의 귀에 대고 장군님은 언젠가는 죽을 운명의 인간이라고 상기시키듯, 감정의 고삐를 쥐고 기쁨을 절제해야 한다. 그대가 사랑하는 이는 언젠가는 죽을 운명을 지닌 인간이라는 사실과 그대가 사랑하는 대상은 그대의 소유가 아니라는 점을 잊지 말아야 한다. 그들은 현재 그대에게 주어진 존재일 뿐이며, 누군가 그대에게서 절대 빼앗을 수 없는 존재가 아니고, 그대가 영원히 소유하라고 주어진 존재도 아니어서, 한 해 중에 특정한 절기에만 그대에게 허락되는 무화과나 포도송이와 같다. 이런 열매를 겨울에 얻기 원한다면 그대는 어리석은 사람이다. 그러니 그대에게 허락되지 않은 것을 자식이나 친구를 향해 바란다면 겨울에 무화과를 얻으려고 하는 격이나 마찬가지임을 깨달아야 한다.

우리가 물질을 얼마나 강렬하게 원하는지 또 어떤 방식으로 사랑하는지를 성찰하는 행위는 분명 중요하다. 하지만 내 생각에 우리는 물질에 지나치게 애착을 갖지 않고도 그것들을 즐기고, 흠모할 수 있다. 내가 이 말을 하는 것은 지금까지 살면서 비이성적으로 애착을 가졌던 대상도 많았고, 이런 일들을 경험하며 극단적인 내 모습을 깨닫고 잘못된 태도를 교정한 경험이 있기 때문이다.

나는 반짝반짝 빛나는 아름다운 BMW 컨버터블을 처음 구입하고 나서 그 차를 애지중지했다. 그런데 어느 날 보니 차 옆면이 무려 열여덟 군데나 움푹 찌그러져 있었다. 손상된 차량을 보자 마음이 쓰렸다. 나는 놀랐고 슬펐고, 심지어 우울증까지 경험했다. 물론, 나중에 돌아보니 내가 참 우스꽝스럽고, 그 차가 내 삶에서 뭐라고 그렇게나 슬퍼했는지 참 어울리지 않는 짓을 했다는 것을 깨달았다. 그때 내 반응이 그리 특이한 것은 아니었을 것이다. 그만큼 물질에 대한 애착은 우리 사회에 만연한 문제다. 하지만 나는 퍼뜩 정신을 차리고 물질을 대하는 나의 근본 태도를 수정해야겠다고 마음먹었다. 물질의 아름다움을 감탄하는 것을 멈추거나 내가 소유한 물질을 소중하게 가꾸는 것을 그만둔다는 의미가 아니라, 그것이 내 삶에서 차지하는 지위에 합당하게 다루는 법을 새로 배워야 했다는 뜻이다. 나는 물질에 의존하는 태도에서 벗어나야 했다. 사실 나는 물질에 그런 의존성을 지니고 있다는 사실조차 의식을 못했었고, 고통을 받고 나서야 내 의존성을 자각할 수 있었다.

엘리자베스 길버트^{Elizabeth Gilbert}가 쓴 《마지막 미국인^{The Last American Man}》이라는 책을 통해 불멸의 존재가 된 노스캐롤라이나의 등반가 유스테이스 콘웨이^{Eustace Conway}는 글레이셔 국립공원에서 수목한계선 너머의 다설多雪 지역을 걸어서 홀로 등반한 이야기를 하나 들려준다. 등반 중에 콘웨이는 평소답지 않게 발을 헛디뎌 넘어지고 말았다. 등으로 바닥을 쓸면서 가파른 언덕을 빠른 속도로 미끄러져 내려가는데 멈출 수가 없었다. 얼음도끼라든가 그 밖의 쓸 만한 도구를 쥐고 있지 않았던 콘웨이는 미끄러지는 도

중에 배낭을 얼음 바닥을 향해 힘껏 밀어붙이는 등 속도를 늦추려고 가능한 한 모든 방법을 시도했다. 속도를 어떻게든 줄여보고자 신발 뒤축을 얼음 바닥에 찍어보려고도 했지만 아무런 효과가 없었다. 눈과 자갈과 암반 위로 미끄러지면서 통제력을 완전히 상실한 그는 이러다가 죽을 수도 있겠구나 하는 생각이 들었다. 그런데 그 순간 무언가에 세게 부딪히는 요란한 소리가 나더니 그 자리에서 갑자기 멈췄다. 그는 일어나서 자신이 어디에 부딪혔는지 확인해보고 깜짝 놀랐다. 그는 죽은 노새의 몸통에 부딪혔던 것이다. 얼어서 미라가 된 커다란 노새 한 마리였다. 노새가 있는 곳에서 바라보니 몇 미터만 더 내려갔어도 절벽 아래로 떨어질 처지였다. 꼼짝없이 수백 미터를 미끄러져 내려오느라 절벽은 보이지도 않았던 것이다. 그가 만약 죽은 노새와 부딪히지 않았다면 외딴 곳에서 추락사를 당했을 것이고, 오랜 세월이 흐르도록 아무도 그의 주검을 발견하지 못했을 것이다.

노트르담에서 15년 동안 학생들을 가르친 뒤 나는 철학자로서 나만의 상점을 따로 차리기 위해 그곳을 떠났다. 오랜 세월을 견뎌낸 위대한 사상들을 사람들에게 소개할 수 있는 새로운 길을 찾아 나섰지만 사실 내 연간 소득이 몇 배나 늘어나리라고는 생각도 못했다. 철학자들은 우리 같은 보통 사람들은 마지못해 하는 일을 자진해서 한다. 물론 그것이 돈벌이가 되어서 하는 것은 아니다. 대다수 철학자는 가르치는 일로 물질적인 이득을 보지 못한다. 내가 철학자가 된 이유는 첫째, 내가 그렇게 생겨먹었기 때문이고 둘째는, 특별한 방법으로 사람들의 삶에 좋은 일을 하고 싶었기 때문이다. 지금은 대규모로 좋은 일을 할 수 있을 뿐 아니라, 철학 교수로서 한 번도 바라지 않았던 물질적인 혜택까지 누릴 수 있게 되었다. 처음으로 나는 정교하게 만들어진 차량과 고급 기계식 시계, 아름다운 만년필, 맞춤 양복, 명품 구두 등 이전에는 꿈도 꾸지 못했던 상품들을 사서 이용하고 마음껏 즐길 수 있었다. 나는 얼마 지나지 않아 내게도 뛰어난 솜씨로 만든 미적인 제품을 감상하고 사랑하는 기질이 있음을 깨달았다. 나는 정말로 이 모든 물건을 사랑했다. 하지만 그 사랑이 지나쳤다. 내 영혼은 가파른 산비탈에서 미끄러지고 있으며 타락의 절벽으로 떨어지기 직전이었지만 나는 눈치 채지 못했다.

새로 구입한 차량에 생긴 열여덟 군데의 흠집이 내게는 콘웨이의 목숨을 구했던 죽은 노새인 셈이었다. 그 일이 나를 멈추게 했다. 나는 일어나 주변을 확인하고 내가 어디를 향하고 있었는지를 깨달았고, 마음의 방향타를 곧바로 변경했다. 나는 근사한 제품 자체나 그 제품을 소유하고 즐기는 행위 자체에 어떤 잘못이 있다고 생각하지 않는다. 하지만 우리가 그것들을 대하는 올바른 태도를 함양하지 않으면 우리 마음을 즐겁게 해주는 물질적

대상이 손쉽게 우리 영혼을 속박할 수도 있음을 나는 깨달았다.

우리 영혼이 속박당하지 않으려면 물질적인 대상에 의존하고 집착하면 안 된다고 생각한 에픽테토스는 옳았다. 누구든 이 사실을 인지하지 못한다면 커다란 위험에 처할 것이다. 하지만 여기서 한 걸음 더 나아가 우리와 친밀한 관계에 있는 사람들의 건강이나 생명에 대해서도 깊이 관심을 두면 안 된다고 주장할 수 있을까? 사람은 물질적인 대상과는 성질이 다르지 않은가? 이 문제를 언급한 구절을 하나 더 살펴보자. 에픽테토스는 이렇게 말한다.

너와 내가 다르지 않은 공통의 경험을 통해 우리는 자연의 의지를 배울 수 있다. 일례로, 이웃에서 부리는 노예가 잔이나 어떤 물건을 깨뜨렸을 경우에 우리는 흔히 일어날 수 있는 일들 가운데 하나라고 대수롭지 않게 말하곤 한다. 그러면 그대의 잔이 깨질 때에도 이웃에게 그런 일이 일어났을 때와 똑같이 생각해야 한다는 사실을 알아야 한다. 그러면 이 반응을 훨씬 더 중요한 대상에 적용해보자. 어떤 사람의 자녀나 아내가 죽었다면 어떤가? 살다보면 이런 일도 있을 수 있다고 인정하지 않을 사람은 아무도 없을 것이다. 그러나 자기 자식이나 아내가 죽었을 때 사람들은 이렇게 말한다. "슬프구나. 참으로 처량한 신세로

다.” 하지만 그런 일이 남에게 일어났다는 소식을 들었을 때 우리가 어떻게 반응했는지를 똑바로 기억해야만 할 것이다.

여기서 에픽테토스는 자녀나 아내의 죽음 같은 사건에 반응할 때 보이는 부정적 감정들을 제거하는 삶의 기술을 하나 우리에게 제시한다. 우리는 저런 사건에 직면했을 때 동요하지 않고 평온한 마음으로 반응해야 하는 것일까? 슬픔을 느끼는 것이 적절하지 못한 태도일까? 여러 구절에서 에픽테토스는 그런 암시를 주고 있다. 그가 제안한 기법을 들어보자.

자녀나 아내에게 입 맞출 때 그들은 인간일 뿐이라고 속으로 말하라. 그러면 자녀나 아내가 죽더라도 동요하지 않을 것이다.

에픽테토스는 자신의 과거를 회상하는 한 구절에서 이 논리를 좀 더 강하게 밀고 나간다.

우리 부친과 나 사이에는 친밀한 관계가 없지만, 선한 것과 나 사이에는 친밀한 관계가 있다.

이렇게까지 말하는 입장에는 분명 극단적인 면이 있는 듯하다. 우리는 여기까지 그의 말을 따를 필요는 없을 것이다. 하지만 그가 제시한 조언은 극단적인 측면만 제외한다면 대단히 중요하고 합리적이며 우리에게 유익하다.

어디에나 적용되는 일반적인 원칙은 아래와 같다.

> 그대 마음을 불안하게 만드는 어떤 소식을 듣게 되거든, 이 원칙을 항상 되새겨라. 그 일은 전혀 그대의 의지에 달린 범주의 문제가 아니라고 말이다.

우리 의지로 어찌할 수 없는 것들은 우리를 전혀 동요시키지 못한다. 이렇게 인식함으로써 우리는 욕망과 두려움에 구속당하던 상태에서 벗어나고, 인생에서 급작스럽게 일어나는 사건에 전혀 위협받지 않는 내면의 고결한 힘을 키우게 된다. 이런 관점을 극단적으로 밀고나간 에픽테토스는 이렇게 말한다.

> 인생은 좋은 것인가? 아니다. 죽음은 나쁜 것인가? 아니다. 감옥인가? 아니다.

철저하게 자유를 신봉하는 철학자인 에픽테토스의 눈에는 의지의 영역 밖에 있는 것들은 근본적으로 좋은 것도 아니고 나쁜 것도 아니다.

그러면 우리는 이런 관점을 어떻게 봐야 할까? 이 관점이 함의하고 있는 바는 무엇이고, 한계는 무엇일까? 에픽테토스는 우리 영혼의 진정한 해방자다. 외적인 것들에 감정과 태도가 매이게 되면 우리의 발전을 방해하고, 우리가 세운 목표를 제대로 성취하는 것을 막고, 심지어 우리의 영혼을 타락시킬 수도 있다. 에픽테토스는 매여 있는 이 쇠사슬을 끊고 우리를 해방시킬 수 있는 강력한 논리와 삶의 기술을 제시하고 있다. 그러나 그의 주장은 벼룩 잡으려고 초가삼간 태우는 격은 아닐까? 손가락의 고통을 제거하자고 팔을 잘라내야만 할까? 여기서 우리에게 알맞은 경계를 세울 수는 없을까? 나는 할 수 있다고 생각한다.

에픽테토스 본인이 세운 원칙에 따르면 사람은 선택을 내리는 통제센터다. 사람은 영혼이며, 의지다. 만약 의지 자체가 중요하다면, 사람 자체도 중요하다. 에픽테토스는 우리 의지에 달려 있는 것만이 근본적으로 좋을 수도 있고 나쁠 수도 있다고 말한다. 그런데 다른 사람의 의지는 우리 의지로 통제할 수 없다. 그 사람이 이 세상에 존재하는 것 역시 우리 의지에 달려 있지 않다. 하지만 에픽테토스는 신을 믿으며, 우리에게도 신을 믿으라고 권장한다. 그리고 신은 우리의 모범이 되는 의지이며, 만물의 창조주이자 통치자다. 그러면 에픽테토스 본인이 세운 원칙에 따라, 다

른 사람의 의지가 존재하는 것은 신의 의지에 달려 있는 문제이
므로 좋고 나쁨을 결정할 수 있는 영역에 해당한다고 말할 수 있
다. 그러니까 다른 사람의 삶이나 죽음은 좋은 것 혹은 나쁜 것이
라고 판단할 수 있는 영역이고, 적어도 그런 가치 판단에서 완전
히 자유로울 수 없다. 좋은 것은 타당한 범위에서 즐거워할 수 있
고, 나쁜 것 역시 타당한 범위에서 슬퍼할 수 있듯이, 다른 사람
의 삶과 죽음에 대해서도 이 같은 감정과 태도가 허용될 수 있다.

　이런 식의 주장이 철학적 논증으로 타당성을 검증받으려면 보
다 냉철하고 세밀하게 다듬을 필요가 있다. 다만 여기서 내 요지
는 이런 식의 논증이 가능하다는 의미다. 우리는 에픽테토스와
함께 먼 길을 걸어왔다. 그리고 어떤 지점에서 우리는 논리적인
문제로 우리 길라잡이와 헤어졌다. 우리가 감정적으로 집착하는
데에는 넘지 말아야 할 한계가 있다는 것, 비탄에 빠지더라도 타
당한 수준을 넘어서는 안 된다는 에픽테토스의 성찰은 여전히
우리가 염두에 두어야 할 주장으로 지극히 중요하고 타당하다.
그러나 그 타당한 범위는 에픽테토스가 허용하는 범위보다는 훨
씬 더 크다는 것이 내 생각이다.

　내 동료 중에 끔찍한 사고로 아들을 잃은 이가 있다. 자식을 잃
은 아버지와 어머니는 비탄에 잠겼다. 지인들은 충격을 받았고
슬픔에 잠겼다. 그 아들의 삶에 내재한 가치와 중요성, 그리고 갑

작스러운 죽음으로 지상에서 아들과 맺었던 관계가 끊어져버린 부모에게 그 관계가 지녔던 의미를 생각하면 이는 타당한 감정적 반응이다. 여러 종교와 철학적 관점에서 보면 이 죽음을 존재의 종결 혹은 그와 맺었던 모든 관계의 완전한 종지부로 생각할 필요성도, 당위성도 없다. 그는 또 다른 형태로, 또 다른 차원의 실체로 계속 존재할 것이다. 그리고 그를 향한 깊은 애정 관계는 한동안 남겨진 사람들의 삶에서, 믿음 속에서 계속 이어질 것이고, 그리고 언젠가 때가 되면 얼굴을 대면하고 다시 만나게 될 것이다. 가족을 여의어 느끼는 슬픔과 비통은 타당한 감정이며, 우리는 이를 믿음과 희망으로 달랜다.

내가 여기서 언급한 비극은 훌륭한 철학자 니컬러스 월터스토프 Nicholas Wolterstorff가 그의 혜안을 담은 감동적인 책 《나는 사랑하는 사람을 잃었습니다 Lament for a Son》에서 설명한 이야기이기도 하다. 월터스토프는 기독교도로서 그가 믿는 세계관에서는 기본적으로 미래를 희망적으로 바라본다. 그러나 그런 신앙과 세계관이 아들의 죽음을 맞이한 아버지로서 느끼는 비통한 심정을 차단하지는 못했으며 마땅히 차단해서도 안 되는 것이었다. 사랑하는 이를 갑자기 잃었을 때 슬픔과 비통에 잠기는 것은 타당한 반응이다. 그러나 자애로운 신의 섭리를 믿고 바라는 삶의 자세와 철학을 따르는 사람이기에 무한정 애통해하지는 않을 테다. 삶을 무너뜨릴 정도로 슬픔이 그의 마음을 어지럽히진 않을 테고, 실의에서 영원히 헤어 나오지 못하는 일은 없을 테다. 사랑하는 이를 속으로 기리면서 이제 자신의 남은 삶을 살아가는 법을 배울 테다.

에픽테토스는 철학자를 영혼을 치료하는 의사라고 생각했다. 하지만 뛰어난 마취전문의가 될 필요는 없다. 우리의 목표는 감정을 완전히 죽이려는 것이 아니다. 고통을 완화시켜 여생을 살아갈 수 있는 힘을 얻을 수 있다면 그것으로 충분하다. 에픽테토스가 제시한 여러 심리 기법은 절제를 훈련하는 유용한 도구가 맞다. 하지만 살아가는 데 있어 정념을 완전히 제거하는 것에 우리가 초점을 맞출 필요는 없다. 이 지점에서 나는 감정에 관해 아리스토텔레스의 관점에 더 가까운 주장을 펼치고 있다. 이는 유대 기독교 전통과도 일맥상통한다. 스토아 철학자들은 대부분 감정과 관련한 주제에서 극단적인 태도를 취하는 편이다. 그들은 어찌 보면 극단적으로 고결하고, 그런 점에서는 확실히 극단적이다.

인생이 덧없음을 우리가 깊이 이해한다면, 동시에 우리가 궁극적으로 의지할 수 있는 신의 자애로운 섭리에 우리 자신과 행불행을 맡길 수 있다면 이런 인식 아래 타당한 감정과 태도와 행동을 취할 수 있다. 하지만 외부 세계와 세상에서 일어나는 모든 일을 무가치하게 여기는 극단적 입장을 고수할 필요는 없다. 영혼 밖에 있는 것은 아무것도 아닌 것처럼 가정하지 않아도, 우리는 예기치 않은 사건이 일어난 순간 평정을 유지하면서 존엄하게 상황에 대응할 수 있다. 내면의 힘을 기르려고 반드시 우리 주변의 외부 세계를 철저하게 무시할 필요는 없다. 다만 올바른 것에 올바른 방식으로 주의를 집중하면 된다.

에픽테토스는 우리 내면의 자유에 관해 심오한 통찰과 생생한 가르침으로 우리 영혼을 치료하고 해방시키는 위대한 의사이자 철학가였다. 그가 제시한 관점은 자기 본성에 맞는 목표를 세우고 그 목표를 향해 성공적인 항해를 준비하는 사람들에게 오늘날도 훌륭한 길라잡이 역할을 한다.

다만, 우리가 다른 사람들의 조언을 들을 때와 마찬가지로 에픽테토스의 조언도 취사선택이 필요하다. 아무리 현명한 자라도 모든 것을 올바로 이해할 수는 없다. 그러므로 우리는 쭉정이는 버리고 알곡은 거둬들이듯, 오류는 버리고 지혜만 흡수해야 한다. 좋은 선물을 받았는데 그것이 자기에게 꼭 맞지 않는다고 모조리 내다버리는 사람은 없다. 포장지는 버려도 선물은 필요에 맞게 조절해 쓰면서 즐기지 않는가. 에픽테토스가 우리 삶을 위해 선사한 선물도 이와 마찬가지로 수용하기를 바란다.

† 일러두기

3부 아우렐리우스 편에 소개된 인용문은 하버드 대학 출판사에서 발행하고 C. R. 헤인즈C.R. Haines가 번역하고 편집한 로브 고전총서 마르쿠스 아우렐리우스 편The Loeb Classical Library Volumes of Marcus Aurelius에서 발췌하였다.

III

내면의 안내자, 아우렐리우스

The Wisdom of Aurelius

올곧은 삶에 대한
황제의 현명한 조언

전쟁 같은 인생을 살아가기 위한 방편

The Wisdom of
Aurelius

마르쿠스 아우렐리우스Marcus Aurelius

는 서기 121년에 태어나 마흔 살에 로마의 황제가 되었다. 그는 유복한 가정에 태어나 행복하게 살았고 엄정한 훈육과 고급 철학 교육을 받았다. 그리고 이 모든 것은 전쟁을 치르며 정치적으로 혼란했던 시기에 가장 큰 제국을 이끄는 최고 지도자의 자리를 감당하는 밑거름이 되었다.

이 철학자는 온화한 성정에도 불구하고 군사 지휘관으로서도 훌륭한 공적을 세웠으며, 로마의 황금기를 이끈 현명한 정치 지도자로서도 역사에 이름을 남겼다. 아우렐리우스는 결혼을 했으며, 평생을 열정적으로 배우는 자세로 살았으며, 주도적으로 행동에 옮기는 사람이었다. 당대에 인간으로서 지닐 수 있는 최고의 권력을 손아귀에 쥐었던 마르쿠스 아우렐리우스 안토니우스 황제는 역사가들에게 공식적으로 알려진 모습 그대로 나라를 통치하는 방식에서나 글을 기록한 방식에서나 개인적으로 겸손하고 정직한 성품을 보여주었다. 그가 지도자로서 저지른 가장 큰 실책은 기독교 포교활동에 대한 금지 조치로 종교적 박해를 가한 일이 아닌가 싶다. 그는 철학적 차원이나 신학적 차원에서 이들의 포교활동을 이해할 수 있는 충분한 계기를 얻지 못했다.

아우렐리우스 황제는 직접 전쟁을 지휘하느라 분주하던 시기에도 밤늦게 짬을 내 인생에 대해 관찰한 내용을 개인 수첩에 기록했다. 이《명상록 Meditations》은 여태껏 발행된 스토아 철학 서적으로서는 가장 유명한 작품 가운데 하나다. 이 작품을 남김으로써 그는 스토아 철학의 마지막 계승자가 되었다.

나는 마르쿠스 아우렐리우스 황제가 전장을 누비면서 삶에 대해 통찰을 얻고 그것들을 기록으로 남겼다는 사실이 무척이나 흥미로웠다. 그는 서재나 아늑한 궁전에 머물며 책을 집필했던 것이 아니다. 모험적인 삶을 살았고, 위기에 직면했으며, 힘든 결단을 내렸고, 때때로 그런 결정들이 초래한 유쾌하지 않은 결과에 대처해야만 했다. 나는 이런 점에서 아우렐리우스 황제의 기록이 우리 모두에게 유익한 교훈을 담고 있다고 생각한다. 가장 귀중한 지혜는 종종 가장 어려운 시기, 비유하자면 인생이라는 전투를 치르는 동안에 얻는다.

아우렐리우스 황제가 남긴 모든 말에 전적으로 공감하지는 않지만 그의 사상은 그가 생존했던 시대에나 근 2천 년이 흐르고 다시 새 천년이 시작된 오늘날에도 여전히 적용할 수 있는 것들이 많다. 아우렐리우스 황제의 글을 살펴보면 사람들이 삶에서 보여주는 외적인 행동과 내적인 경험에 그가 많은 흥미를 느꼈음을 알 수 있다. 아우렐리우스 황제는 격변의 시대를 살아가는 사람들에게 들려주고픈 말이 많았다. 또 그는 우리가 살면서 자주 드러내는 부정적인 습성을 어떻게 다룰지 성찰했다. 즉 앞길을 가로막는 장애물이 있으면 불안, 초조, 짜증, 좌절, 분노 등의 부정적 감정을 느끼며 올바로 대처하지 못하고 정도에서 이탈하는 우리들의 성향을 억제하고, 균형을 잡는 데 유익한 조언이 많다. 이 로마 황제가 제시한 건설적인 조언은 특히 개인의 자아실현과 성공적인 삶을 유지시키는 데 효과가 크다. 물론 이 주제는 그 자신에게도 익숙한 영역이었다.

근 2천 년이나 지난 후대에 살고 있는 철학자로서 나는 우리가 마음속 깊은 곳에서 만족감을 느끼고 지속적인 성공을 이루는 길은 우리가 직면하게 될 모든 상황에 적용이 가능한, 단순하면서도 심오한 몇몇 보편적 원칙 혹은 철학적 지침을 따르는 것이라고 믿는다. 아우렐리우스 황제는 그 당시에 사람들이 성공적인 삶을 살고 좋은 삶을 유지하려면 지침이 필요하다고 생각했다. 그는 때때로 인생을 전쟁에 비유하기도 하고 낯선 곳을 여행하는 것에 비유하기도 했다. 세상을 살다보면 여러 난관에 봉착하는 것은 피할 수 없는 일이므로 앞으로 나아갈 길을 찾는 데 도움이 필요하다고 그는 생각했다. 그리고 목표를 성취하는 데 도움이 되는 삶의 기본 원칙들을 제시하는 것이 철학의 역할이자 활동이라고 여겼다. 그는 고대에 자주 사용되었던 비유를 들면서 이렇게 말했다.

> 의사가 갑자기 자신의 기술을 사용해야 할 때를 대비해 칼과 여러 도구를 항상 몸에 지니고 다니듯, 그대도 신의 섭리와 인간의 일들을 이해해야 할 때를 대비해 항상 원칙을 지니고 있어야 한다. 그리고 모든 일을 행함에 있어, 그것이 지극히 사소한 일일지라도 신의 일은 인간과 무관하지 않으며, 인간의 일은 신과 무관하지 않음을 기억해야 한다.

문맥을 보면 그가 뜻한 바는 극히 단순하다. 우리가 하는 모든 일에서 도움을 얻으려면 지적이고 실용적인 도구가 필요하다는 것이다. 가능한 한 커다란 그림을 그려보고 그 맥락 속에서 모든 것을 살펴야 한다. 폭넓은 관점을 취하면 우리가 지닌 철학적 도구를 이용할 때 좋은 길라잡이가 되어줄 것이다. 그는 이렇게 단언한다.

> 그렇다면 인간을 안내할 수 있는 것은 무엇인가? 오직 한 가지,
> 철학뿐이다.

아우렐리우스 황제가 보기에 우리가 처한 위치를 알려주는 것은 철학이다. 철학은 우리가 내리는 모든 결정과 행동이 궁극적으로 어떤 맥락에서 이뤄지고 있는지를 기억하도록 만든다. 철학은 우리 모두에게 필요한 큰 그림을 제공한다.
그는 우리에게 이렇게 조언한다.

> 우주 만물이 서로 연결되어 있음을 잊지 말고, 그것들이 서로
> 관계를 지니고 있음을 자주 생각하라.

그는 우리가 규칙적으로 자신이 처한 맥락을 상기할 필요가 있다고 생각한다. 만물은 궁극적인 차원에서 서로 연결되어 있다. 이렇게 연결되어 있음을 깊이 인식할 때 우리는 올바른 길을 안내받을 수 있다. 우리가 수많은 문제에 봉착하는 이면에는 이

같은 맥락을 망각한 배경이 존재한다. 따라서 아우렐리우스 황제에게 철학은 문제를 해결하는 도구다. 철학은 관점을 제공한다. 그리고 적절한 관점만큼 이 세상에서 강력한 것도 없다.

한 대목에서 아우렐리우스 황제는 이렇게 주장한다.

> 측량할 길 없는 무한한 시간에서 한 인간이 허락받은 분량은 얼마나 적은가! 영원에 비하면 인생은 찰나에 지나지 않는다. 또 우주 만물의 실체에서 그대가 차지한 부분은 얼마나 적은가! 우주 만물의 영혼에서 그대의 영혼은 얼마나 미미한가! 하물며 이 지구상에서 그대가 발붙이고 있는 땅덩어리는 또 얼마나 작은가! 이 모든 것을 고려해볼 때 그대의 본성이 이끄는 대로 행동하고 보편적 본성이 가져다주는 것을 인내하는 것 외에 그 어떤 것도 위대하다고 여기지 말라.

철학은 적절한 관점을 제공함으로써 우리가 하는 모든 행위의 근원지, 즉 우리 안에 깊숙이 자리한 본성으로 우리를 안내한다. 철학은 우리가 삶에서 그토록 바라마지 않는 진정한 성취감을 느끼기 위해서 우리에게 진짜 필요한 것이 무엇인지를 알려주며 그것을 얻을 수 있는 방향을 안내한다.

자신이 어디를 향해 가고 있는지

The Wisdom of
Aurelius

우리는 삶의 방향을 올바로 잡고 적절한 목표를 세우는 것에 대해 세네카가 한 말들을 앞서 살펴보았다. 마르쿠스 아우렐리우스 황제는 이 세상에서 우리가 바르게 살아가려면 시간을 투자해 규칙적으로 자신의 우선순위를 살피고 재평가해야 한다고 강조한다. 그러려면 내면의 안내를 받아야 하는데 이는 규칙적이고 지속적인 성찰을 통해서만 가능하다.

최근 들어 내면 깊은 곳에 있는 자원을 살피는 일을 매우 중요하게 인식하는 사람들이 많아졌다. 사회적으로 분주하게 활동하는 수많은 사람이 정신적으로 휴식을 취하거나 명상을 하려고 따로 시간을 내거나 멀리 수련을 떠난다. 그 결과 지난 몇 년간 미국 내의 몇몇 수도원과 영성 수련관에는 사람이 몰려 주말에는 주요 호텔보다도 빈 방을 예약하기가 더 힘들어졌다.

하지만 아우렐리우스 황제는 영적인 피정避靜이 꼭 필요하다고 보지 않는다. 아우렐리우스 황제는 그런 시간이 필요하다고 느끼는 그 자신의 생각을 교정하며 이렇게 말했다.

> 사람들은 피정을 위해 늘 시골이나 해변, 혹은 산을 찾는다. 그대도 다른 사람들처럼 그런 곳을 찾으려 한다. 이것이야말로 흔히 범하는 잘못이다. 피정을 하며 자신을 살피는 일은 순전히 그대 의지에 달린 일이라 어디서든 마음만 먹으면 되기 때문이다.

자신의 마음을 점검하고 내면 깊은 곳에 자리한 생각을 살펴보라고 그는 자기 자신과 우리에게 조언하고 있다. 당신이 지금 어떤 위치에 놓여 있는지 알아야 한다. 당신의 장점은 무엇인가? 당신의 단점은 무엇인가? 어떤 일을 일궈내고 싶은가? 무엇을 떠나보내야 하는가? 마음속으로 귀하게 여기는 것은 무엇인가? 당신에게 가장 의미 있는 것은 무엇인가? 당신이 나아가는 길을 인도하는 원칙들은 무엇인가? 이는 휴대전화나 텔레비전, 컴퓨터 등등 일상의 많은 이기利器로부터 떨어져 홀로 조용하게 시간을 보낸다면 어느 곳에서나, 거의 아무 때고 직면할 수 있는 문제들이다.

마르쿠스 아우렐리우스 황제의 말을 계속 들어보자.

> 필요하다면 자주 이런 종류의 피정을 자신에게 허락하고, 그 시간을 활용해 정신을 새롭게 하라. 그대가 믿는 기본 신념과 원칙, 가치는 그것을 상기하는 것만으로도 그대의 영혼이 즉시 새 힘을 얻고, 세상일에 느꼈던 불만을 벗어던지고 다시 세상으로 문제없이 돌아갈 수 있도록 만들어야 한다.

우리는 무슨 일을 하든지 우리를 안내하고 제어해줄 기본 원칙에 헌신할 필요가 있고, 이 같은 기본 원칙을 규칙적으로 자신에게 상기시켜야 한다. 물론 아우렐리우스 황제는 에픽테토스와 마찬가지로 우리 인생에서 자유가 얼마나 중요한지를 깊이 인식하고 있다. 하지만 자신이 믿는 기본 가치에 헌신하는 일로부터 벗어나는 것은 그가 생각할 때 진정한 자유가 아니다. 마음 깊이 헌신하는 이런 원칙이야말로 자신의 참모습을 있는 그대로 표현하지 못하는 불필요한 관계나 활동에서 우리를 해방시켜주기 때문이다.

우리 자신의 꿈과 욕망, 야망, 목표, 가치를 제대로 들여다보는 작업은 한 번 정하면 끝나는 간단한 작업이 아니다. 간간이 몇 번 들여다보는 것으로도 부족하다. 우리는 거듭해서 자기 내면을 들여다보고, 자신이 어디로 가고 있는지 또 그 목적지까지 올바른 수단을 쓰고 있는지 새롭게 확인하면서 마음을 다져야 한다. 올바른 결정을 내리는 데 필요한 자기 이해는 규칙적으로 혹은 빈번하게 갱신하고 성장시켜야 하는 것이다.

또 아우렐리우스 황제는 자기 자신에게 "빈번하게 철학을 돌아보고 그것을 신뢰하라. 철학적 관점에서 보면 궁정에서 마주치는 일들이 견딜 만해 보일 테고, 그대 역시 다른 사람들 눈에 용납할 만한 존재로 보일 것"이라고 조언했다. 철학은 남자든 여자든 그 사람을 아름답게 만든다. 철학은 우리에게 삶을 더욱 기분 좋게 받아들이는 지혜를 주고, 우리가 무슨 상황에 직면하든지 거기에 올바로 대처할 수 있게 도움을 주고, 결과적으로 더 나은 삶을 살 수 있도록 우리에게 힘을 실어준다.

아우렐리우스 황제는 무엇보다도 우리가 이 세상에서 어떤 것을 추구할지 그것을 신중하게 선택하라고 강조했다. 인생의 올바른 목표와 관련해 약간의 철학적 지침만 있어도 단순하지만 명쾌한 깨달음을 얻을 수 있다. 재물만으로는 사람을 만족시킬 수 없다. 권력과 명예, 지위도 마찬가지다. 우리를 만족시켜줄 수 있는 유일한 부는 내면의 부다. 말하자면 이는 영혼의 건강으로, 그 건강함은 타당한 태도와 감정, 생각을 통해 드러난다. 그리고 이 내면의 부야말로 외부 세계에서 지속 가능한 성취를 이루게 하는 원천이다.

만약 아우렐리우스 황제에게 누군가 물었다면 이 세상에서 우리가 자신이 원하는 목표를 세울 때는 항상 내적 자아를 고려해야 한다고 대답했을 것이다. 우리는 무엇을 좇고 있으며, 무엇 때문에 그렇게 하는가? 그 목표를 좇는다면 우리는 어떤 사람의 모습을 하게 될까? 우리가 정한 목표를 추구하고 획득한다면 우리는 어떤 존재가 될 것인가? 어떻게 우리는 모든 일에 훌륭하고 지속 가능한 선행을 쌓을 수 있을까?

아우렐리우스 황제는 외적인 것들의 유혹을 익히 잘 알고 있다. 모든 스토아 철학자들은 결코 만족할 수 없는 외적인 것, 그리고 행복과 의미를 찾게 해주는 내면의 부를 구별해야 한다고 주장한다. 아우렐리우스 황제는 지위가 지위이니 만큼 명예와 인기, 명성이 얼마나 인간을 유혹할 수 있는지 누구보다도 잘 알았다.

돈이면 무슨 물건이든 살 수 있듯 존경심도 얻을 수 있는 세상이기에 많은 사람이 돈을 매우 귀하게 여긴다. 이는 권력이나 사회적 지위에도 동일하게 적용된다. 사람들에게 인정받고, 칭찬

받고, 용납받기를 갈구하는 욕구가 터무니없이 중요해지면 이는 우리가 하는 모든 일에 강력한 동기가 될 수 있다. 우리의 철학자는 이렇게 조언한다.

> 명예를 향한 갈망이 그대를 끌어당길 수 있다. 하지만 모든 것이 얼마나 빨리 잊히는지 잠시 생각해보라. 우리가 사는 현재, 그 앞에 놓인 무한한 시간의 심연과 그 뒤에 놓인 무한한 시간의 심연을 생각하라. 갈채를 받는 일이 얼마나 덧없으며, 누군가를 칭송하던 사람들이 얼마나 빨리 변덕을 보이는지 기억하라. 그리고 이 모든 일이 벌어지는 무대가 얼마나 작은지 상기하라. 지구는 점 하나에 불과하며, 그 위에 그대가 차지한 자리는 그 점보다도 훨씬 더 미미하다. 그 작은 무대 위에 당신을 칭찬하는 사람이 있다고 해봤자 얼마나 많겠으며, 또 그들은 어떤 사람들일지 생각해보라.

그는 이어서 이렇게 말한다.

> 그러면 진정 귀하게 여길 만한 가치가 있는 것은 무엇일까? 박수갈채를 받는 것일까? 아니다. 우리는 칭찬받는 일을 귀하게 여기지 말아야 한다. 군중으로부터 나오는 칭송은 그저 혀로 갈

채를 받는 일일 뿐이다. 이제 명예라는 덧없는 것을 포기하면 그대는 진정 귀하게 여길 만한 것이 눈에 보일 것이다. 정말로 중요한 것은 자기 자신을 움직여 본성에 맞게 자신을 제어하는 것이다. 이것이 모든 기술과 직업이 추구해야 할 올바른 목표다.

나는 인생에서 우리 본성에 맞는 목표를 성취하기 위해 우리가 취해야 하는 전략을 3D 접근법으로 표현했다.

(1) 자신의 재능을 발견하라Discover.
(2) 그 재능을 계발하라Develop.
(3) 자신과 남의 유익을 위해 세상에서 자신의 재능을 활용하라Deploy.

설령 외적인 목표를 추구하더라도 반드시 외적인 보상을 얻는 것에만 급급해서는 안 된다. 부와 명예, 권력, 지위만이 주된 관심 사항이 되어서는 안 된다는 말이다. 그 대신 내면의 역량을 발휘하는 데 집중하고, 이 세상 사람들에게 자신의 본성에 맞는 방식으로 선행을 쌓는다면, 당신이 성장하는 데 필요한 외적인 것도 덤으로 얻을 가능성이 커진다.

여기서 아우렐리우스 황제가 간과하고 있는 점이 있다. 그는 사람들이 흔히 집착하는 외적인 가치로부터 그들의 시선을 떼어 내느라 너무 분주한 나머지 외적인 것들이 때로는 긍정적인 작용을 한다는 점을 제대로 짚지 못했다. 가령, 사업을 하는 사람이 봉사활동을 통해 대중으로부터 갈채와 칭찬을 받는다면 이는 사회에 제 역할을 하고 있음을 알리는 최상의 지표 가운데 하나다. 그리고 이 경우, 항상 그렇다고 말할 수는 없지만 그 사람이 하는 사업이 한층 더 성장하기도 한다. 다른 사람들도 그 사람이 하는 일에 동참하려고 나설 것이고, 기꺼이 자기 힘을 보태려고 할 것이다. 이렇듯 사람들의 동의, 칭찬, 또 그들로부터 얻는 명성은 그것이 외적인 가치이지만 때로는 우리에게 힘을 실어주고 동기를 부여하는 긍정적 기능을 한다. 단 여기에는, 그 외적인 가치가 자신의 본성에 맞지 않는 일을 하도록 꾀어내거나, 자신의 본성을 망각하게 하거나, 자신의 자아를 어떤 식으로든 배반하도록 만들지 않는다는 전제가 붙어야 한다.

금전적 보상도 마찬가지다. 이는 우리가 일을 잘하고 있음을 알려주는 신호이자 더 많은 일을 실현할 수 있는 자원이 될 수 있다. 아우렐리우스 황제는 외적인 것에 시선을 고정하고 내적인 것은 외면하는 인간의 성향을 지나치게 우려한 나머지 반대 방향에서 실수를 범하지 않았나 싶다. 균형 잡힌 지혜로운 태도를 유지하려면 진리의 모든 측면을 파악하고 있어야 한다.

내적 자아의 힘을 키우는 길은 자기에게 적합한 목표를 설정하는 일을 수반한다. 자신의 기질에 잘 맞는 일에 참여하라. 내면의 본성과 일치하는 목표를 추구하라. 진짜로 중요한 원칙에 따라 나아갈 방향을 정하라. 그리고 세상을 위해 — 자기 가정과 이웃, 마을, 일터를 위해 — 자신만의 방식으로 선한 일을 하라. 이렇게 한다면 당신은 최선의 방식으로 인류에 봉사할 수 있고, 우주에 타당하게 기여하며 자기 성장을 도모할 수 있다.

난관과 변화에 직면한 순간

The Wisdom of
Aurelius

마르쿠스 아우렐리우스 황제는 어려운 일을 만나도 의연하게 대처하며 물러서지 않는 사람이다. 그의 조언을 들어보자.

어떤 일이 어렵다고 해서 그것이 불가능하다고 성급하게 결론 짓지 말라. 가능한 일이라면 그것이 무엇이든 그대의 역량이 미치는 것이라고 생각하는 편이 낫다.

아우렐리우스 황제는 우리에게 원대한 꿈을 품으라고 권한다. 그는 사람들에게 힘을 실어주려는 목적으로 이렇게 조언한다.

얼마나 많은 사람이 자신의 꿈은 불가능하다고 혹은 인간이 달성할 수 있는 일임에도 불구하고 그 일을 해낼 수 없다고 생각하는지 놀라울 따름이다. 우리는 쓸데없이 여러 가지로 자신을 제약한다. 아우렐리우스 황제는 할 수 있다는 긍정적인 태도를 지니고 살아가야 한다고 믿는다.

원대한 꿈을 품으라는 이 철학자의 권고를 받아들인 사람에게는 그의 두 번째 조언이 필요하다. 모든 꿈에는 그것을 방해하는 사람이 따라붙기 마련이다. 당신의 꿈이나 특정한 사업에 대해 심각하게 회의적인 태도를 보이는 사람들의 부정적인 의견에 쉽게 굴복해서는 안 된다. 우리는 다른 사람들의 의견에 시달림을 당하도록 자신을 방치하는 경우가 너무 많다. 자신의 본래 모습에 충실하려면 이처럼 사람들의 의견에 쉽게 굴복하는 습성에 저항하는 법을 배우고, 남들이 뭐라고 하든 흔들리지 않도록 내면의 회복 탄력성을 길러야 한다.

아우렐리우스 황제는 이렇게 말한다.

사람들은 모두 남들보다 자신을 더 사랑하면서도 정작 자신에 대해서는 자신의 생각보다 남들의 평가를 더 귀하게 여기니 참으로 이상할 따름이다.

우리는 지나치게 자신을 제한하는 생각보다는 힘을 실어주는 생각을 많이 할 필요가 있다. 아우렐리우스 황제는 이렇게 얘기한다.

> 그대가 습관적으로 무엇을 생각하든 그것이 그대의 성격을 결정지을 것이다. 그대의 영혼은 그대의 생각에 물들어 특정한 색을 띠게 될 것이다.

당신의 삶은 당신이 품은 생각에 따라 결정된다. 따라서 우리 모두 건전하지 않은 사고방식, 또 우리가 성취할 수 있는 일 앞에서 주저하는 습관으로부터 우리 정신을 보호하는 것이 중요하다. 이처럼 부정적으로 생각하는 습관이 특히 위험한 이유는 우리가 그 같은 사고방식에 젖어 있으면서도 그 사실을 인지하기 어려운 경우가 많기 때문이다. 다른 사람이 주의를 주기 전까지 자신이 비생산적인 사고방식을 지녔다는 사실을 전혀 인식하지 못하는 경우도 비일비재하다.

요즘 사람들이 불안해하고, 걱정하고, 주저하는 습성이나 자신감이 부족한 태도를 보이는 가장 일반적인 원인 가운데 하나는 사람들이 무자비하다 싶을 정도로 아찔한 변화의 속도를 지속적으로 경험하고 있기 때문이다. 사람들은 변화를 두려워하기

일쑤이며, 두려워하지는 않더라도 변화에 직면하면 자신감을 잃
곤 한다. 아우렐리우스 황제는 이렇게 묻는다.

> 그대는 변화를 두려워하는가? 하지만 변화가 없다면 무슨 일이
> 일어날 수 있겠는가? 이 우주에서 변화보다 더 자연스러운 일
> 이 또 무엇이 있는가? 장작이 변화를 거치지 않는다면 그대가
> 물을 데우고 목욕을 할 수나 있겠는가? 음식이 변화를 거치지
> 않으면 영양분을 섭취할 수 있겠는가? 또 다른 유익한 것들이
> 변화 없이 얻어질 수 있겠는가? 변화는 우주 만물에 필요한 것
> 처럼 그대에게도 꼭 필요한 것임을 인식해야 한다.

아우렐리우스 황제는 우리로 하여금 자주 자연을 성찰하도록
만든다. 자연이 어떻게 행동하며, 인간의 본성은 무엇을 필요로
하는지, 한 개인에게 가장 기본적으로 요구되는 것은 무엇인지
를 숙고하도록 만든다. 그는 우리 문제가 대부분 자연의 요구에
서 벗어날 때 발생한다고 믿는다. 그는 이렇게 조언한다.

> 철학은 그대의 본성에 필요한 것만을 요구한다는 사실을 기억
> 하라. 하지만 그대는 자연이 요구하지 않는 것들을 자주 욕망
> 한다.

스토아 철학자들에 따르면, 철학은 우리가 지닌 본성을 탐구하도록 인도하며, 그 본성에 따라 행동하도록 이끈다. 철학은 우리가 본성을 거스르며 행동할 것을 요구하지 않는다. 우리가 흔히 실수하고 착각하는 것은 기본적으로 우리가 어떤 존재인지를 무시하기 때문이다. 철학은 단순한 진리를 상기시킴으로써 우리가 그 같은 실수를 범하지 않도록 돕는다.

질주하는 차량의 유리창에 날벌레가 부딪히듯 많은 사람이 아무런 대비를 하지 못한 채 변화에 직면한다. 그래서는 좋은 결과를 얻을 수 없다. 아우렐리우스 황제는 우리가 변화에 대비하도록 큰 그림을 제공하고 싶어 한다.

> 그대 주변을 둘러보면 만물은 변화를 통해 태동하는 것을 알 수 있다. 우주의 본성은 무엇보다 이미 존재하는 것에 변화를 주어 그것을 닮은 또 다른 새로운 것을 만들어내기를 좋아한다는 생각에 익숙해져야 한다.

이런 주장을 통해 그는 다음과 같이 결론을 내린다.

> 사물이 변한다는 것은 나쁜 것이 아니다. 사물이 변한 뒤에 그대로 변치 않는 것이 좋은 것도 아니다.

우주가 하고 있는 놀이, 곧 어떤 것을 창조하고, 덧없이 사라지게 하고, 더 새로운 것을 생성하는 놀이를 우리가 깊이 이해한다면, 그리고 그 놀이가 저 외부 세계에서 뿐만 아니라 우리 내면에서도 행해지고 있음을 깊이 인식한다면, 이 우주적 규모의 생성과 변화의 흐름을 좀 더 긍정적인 관점에서 새롭게 바라볼 수 있을 것이다. 그러니까 우리는 영구적인 것을 구하지 말고, 변화를 맞이하고 오히려 주도적으로 또 다른 변화를 도모할 자세를 갖춰야 한다. 결국 우리는 무언가를 창출하고, 성장시키고, 번창시킨다. 정말로 이 세계는 이 변화의 흐름 밖에 존재하지 않는다.

변화가 그토록 근본적인 것이며, 깊은 차원에서 인생을 구성하는 몇 안 되는 상수常數들 가운데 하나라면, 그리고 우리가 이 사실을 생생하게 인식한 가운데 적절한 태도를 취한다면, 우리는 미래에 대해 부정적으로 전망하고 싶은 가장 흔한 유혹을 쉽게 물리칠 수 있을 것이다. 그리고 현실을 대범하게 수용하고 자신이 지닌 재능과 경험을 이용해 자신 있게 전진해 나갈 것이다. 우리가 지닌 재능과 경험은 변화를 수용하고 그것을 잘 활용하라고 자연이 우리에게 선사한 장비다.

만약 우리가 올바른 목표를 설정하고, 주도적으로 자신을 변화시키고, 어떤 예상치 못한 변화가 발생하든 자신 있게 대처한다면, 우리는 세상에 매우 바람직한 업적을 남기는 방향으로 날마다 정진할 수 있다. 우리의 안내자인 아우렐리우스 황제는 우리가 이보다 못한 상태에 안주하기를 바라지 않는다.

이것도 결국 지나갈 것이다

우리가 자기 이해를 바탕으로 목표를 세우고, 자기 자신을 위해 구상한 그 목표를 향해 자신감 있게 나아갈 때, 자연히 그런 목표에 도달하게 해줄 가능성이 높은 어떤 계획을 마련할 것이다. 하지만 우리가 사는 세상은 예기치 못한 난관과 변화로 가득하다. 스토아 철학자들은 합리적인 계획을 세우는 과정에서 지속적인 적응력, 곧 새로운 장애물 혹은 새로운 기회를 만날 때 융통성을 발휘하며 적응해 나가는 역량이 중요한 요소임을 알았다.

마르쿠스 아우렐리우스 황제는 성공한 사람의 정신에 대해 이렇게 설명한다.

우리 삶을 인도하는 정신은 그 본성에 부합해 기능할 때에는 무슨 일이 일어나든 거기에 잘 적응하고, 가능한 것과 이용할 수 있는 것에 쉽게 대응한다. 정신력을 발휘하는 데 특정한 물질이 필요하지 않으며, 정신은 직면한 외적 상황이 허용하는 한 그것이 세운 목적을 추구한다. 불이 그 위에 던져진 장작에 반응하듯 정신은 위기를 만나도 이를 기회로 바꿀 수 있다. 많은 양의 장작은 불씨를 질식시켜 꺼트릴 수도 있지만, 불꽃을 강하게 키워 활활 타오르게 만들 수도 있다.

이는 참으로 생생한 비유다. 우리 안에 타고 있는 불이 작지 않다면, 다시 말해 우리가 자신의 가치나 목표에 깊이 헌신하고, 또 내면의 자아가 충분히 강하다면, 우리가 맞이한 난관은 오히려 우리가 도모하는 일을 더 강력하게 추진하는 연료로 쓰일 수도 있다는 의미다. 우리는 실수를 통해서 또 갑작스럽게 우리 앞길을 가로막는 어려움을 통해서도 유익한 재료를 얻을 수 있다. 물론 그러려면 그런 상황에서도 다음 단계로 정진하기 위한 잠재적 연료로 쓸 만한 새로운 재료를 취하고 배우는 자세를 잃지 않아야 한다.

현명한 사람은 좋은 의미에서 지극히 낙관적인 사람이다. 그는 세상에서 자신이 추구하는 고귀한 목표를 성취하는 데 이롭게 활용할 수 있을 만한 예상치 못한 경로나 틈새, 호기를 항상 찾으려고 노력한다. 여기서 배울 수 있는 지혜는 간단하다. 우리가 살고 있는 세계는 예측할 수 없는 변화와 난관이 끊임없이 발생하기 때문에 유연하게 적응하는 자세가 필요하다는 것이다. 이런 정신자세를 유지하면 우리는 매우 효과적인 방식으로 목표를 향해 정진할 수 있다.

또한 우리는 사소한 것도 사소하게 넘기지 않는 자세가 필요하다. 아우렐리우스 황제는 이렇게 조언한다.

> 행동 하나하나를 통해 그대의 삶에 질서를 부여하되 각 행동이 나름대로 목적을 이루면 거기에 만족하는 것이 그대가 할 일이다. 그대의 행동이 적절하게 역할을 수행하는 것을 방해할 수 있는 사람은 아무도 없다. ―"하지만 어떤 외적인 것이 나를 방해할지 모릅니다." ― 그대가 정의롭고 신중하게, 선한 의도로 행동하는 한 아무것도 그대의 행동을 방해하지 않을 것이다. ― "하지만 어떤 방해물로 인해 바라던 결과를 얻지 못할지도 모릅니다." ―상황을 있는 그대로 받아들이고, 또 다른 일에 그대의 힘을 쏟는 것에 만족한다면, 방해받은 일을 대신해 또 다른 일을 할 수 있는 기회가 생길 것이며, 그 일은 우리가 여기서 말하고 있는 삶에 질서를 부여하는 일에 적합한 활동이 될 것이다.

이 글의 요지는 이렇다. 아우렐리우스 황제는 어떤 목표를 성취하려고 할 때 최선의 노력을 기울이는 것이 우리 모두의 책임이라는 점을 상기시키고 있다. 우리가 실행에 옮긴 특정한 전략이나 절차가 우리가 바라는 결과를 얻게 해줄 것인지는 아무도 장담하지 못한다. 어떤 것이 우리를 방해할지 모를 일이다. 설령 그런 일이 발생하더라도 다른 대안을 계획하는 일을 훨씬 더 어렵게 만드는 좌절감에 휩싸이지 않는다면, 또 침착함을 유지하고, 현재의 상황에 가능한 한 만족하며, 이미 일어난 일을 있는 그대로 받아들이되 거기서 교훈을 얻고 유익을 구하려고 한다면, 우리가 새로운 돌파구를 찾을 가능성은 훨씬 더 커진다. 전에는 예상치 못했던 길에서 새로운 대안을 찾아 어쩌면 우리가 본래 최선을 다하고 있던 목표를 성취할 수도 있다.

이와 관련해서 동양 철학자들은 물을 연상하기를 좋아했다. 흐르는 물은 장애물을 만나면 이용 가능한 새로운 공간을 찾아 우회한다. 물은 유연하고 적응력이 뛰어나다. 우리는 모두 물을 닮아야 한다.

스토아 철학자들은 어떤 일이 일어나든지, 그것이 좋든 싫든, 신이 뜻하는 가운데 일어난 일로 이해하라고 거듭 강조했다. 신의 섭리에 기초한 그들의 확신은 어찌 보면 이 세상에서 일어나는 사건들이 궁극적으로는 우리 통제를 완전히 벗어난다고 하는 숙명론처럼 보이기도 한다. 하지만 아우렐리우스 황제의 이 말은 우리에게 또 다른 관점을 제시한다. 우리는 무슨 일이 일어나든, 설령 그것이 우리 앞길을 가로막는 듯 보일지라도 그대로 받아들여야 한다. 그 이유는 우리를 좌절시킬지도 모를 그 사건이 우주적 관점에서 보면 지극히 하찮은 일이기 때문도 아니고, 원론적으로 신의 합리적 섭리를 우리가 의지해야 하기 때문도 아니다. 오히려 그런 사건이 우리의 창의력을 긍정적으로 자극해 예기치 못한 새로운 방식으로 행동하고 적응하고 배우도록 하기 때문이다.

이 세상에서 사람들이 가장 흔히 느끼는 감정 중 하나가 좌절감이다. 특히 세상에 긍정적인 영향을 끼치고 싶어 하는 사람들이 난관에 부딪혔을 때 보이는 좌절, 짜증, 성가심 같은 반응은 얄궂게도 그들의 힘을 효과적으로 발휘하는 데 가장 큰 장애가 된다. 스토아 철학자들이 우리가 부정적인 감정에 빠져드는 성향에 대처하고 극복할 수 있도록 돕는 데 큰 관심을 가진 것은 어쩌면 당연하다.

스토아 철학자들이 전반적으로 큰 관심을 보인 부정적 감정 상태 중 하나는 분노다. 느닷없이 등장해 우리 앞길을 가로막는 불쾌한 사건에 직면하면 우리 대부분은 조바심하고 화를 내고 싶어진다. 이때 스토아 철학자들은 어떤 행동을 취할 수 있으면 실용적인 행동을 취하고, 그렇지 못할 때에는 마음으로 받아들이는 태도가 가장 좋다고 추천한다. 아우렐리우스 황제의 다음 글을 살펴보자. 철학자들은 현실적인 문제들은 다루지 않는다고 생각하는 사람에게 보여줄 만한 좋은 인용문이다. 놀라운 통찰을 담고 있다.

> 설마 겨드랑이에서 냄새가 나는 사람에게 화를 내는가? 설마 구취가 심한 사람에게 화를 내는가? 그런 일에 화를 낸다고 무슨 이득이 있는가? 그런 입과 그런 겨드랑이를 지녔다면 그런 냄새가 나는 것은 필연적인 일이다. "하지만 저 사람도 생각할 줄 알테고, 그러면 자기 때문에 남들이 얼마나 불쾌한지 분명 알고 있겠지요"라고 그대는 대답할지 모른다. 나는 그대가 발견한 사실에 잘 대처하기를 바란다. 그대 역시 생각할 줄 알고, 이성적으로 판단할 수 있기 때문이다. 그대의 정신을 이용해 그 사람의 정신을 일깨우라. 그가 어떤 잘못을 저지르고 있는지 그에게 좋은 말로 타이르라. 그의 선생이 되라. 그가 경청한다면 그대는 문제를 해결하게 될 것이고, 화를 낼 이유는 없을 것이다.

여기서 우리가 빠진 맥락을 보충한다면, 아마도 이런 식으로 전개될 것이다. 만약 누군가 당신의 화를 돋울 때 당신이 불쾌감을 드러낸다면 그 반응은 합리적이거나 비합리적이거나 둘 중에 하나일 것이다. 당신의 반응이 비합리적이라면, 당신은 그 사실을 깨달아 태도를 바꾸고 당신이 느낀 분한 심정을 거두어야 한다. 만약 당신이 합리적으로 반응한다면 화를 내는 것보다는 좀 더 나은 다른 반응을 택할 것이다. 한편, 당신을 불쾌하게 만든 사람은 합리적일 수도 있고 비합리적일 수도 있다. 만약 그가 비합리적이라면 그는 강풍이나 폭우, 성가신 모기가 당신을 괴롭히는 식으로 당신을 괴롭히는 것뿐이며, 따라서 적대감을 품을 만한 대상이 아니다. 그러나 그가 합리적이라면, 당신이 불쾌하게 여기는 이유를 부드럽게 지적하면 그가 자신의 행동을 고쳐 문제의 원인을 제거함으로써 적절하게 반응할 것이고, 그럴 경우 당신이 화를 낼 이유는 없을 것이다. 화는 이렇듯 불필요하고 잉여적인 감정이므로 상황을 있는 그대로 받아들이되 화를 내지 말거나 아니면 화를 내는 대신 다른 반응을 택해야 한다.

아우렐리우스 황제의 생각은 무척 매력적이다. 그는 당신이 합리적인 축에 끼는 한 마음에 들지 않은 문제로 인해 속을 끓이는 것보다는 어색한 대화로 푸는 것이 항상 낫다는 입장이다. 하지만 합리적인 사람이라면 애당초 그런 대화가 어색할 이유가 뭐란 말인가? 잘못을 저지른 사람을 타이르고 올바른 길로 인도하고, 부정적인 감정이나 태도에 빠지지 않도록 해야 한다.

어떤 상황 특히 도발적이거나 어려운 상황에서 흔히 하는 말로, 스토아적 반응이란 그 순간 초연한 관점에서 사태를 바라보고 그 결과 부정적인 감정을 전혀 느끼지 않는 것이다. 우리는 스토아 철학자들이 적절한 관점과 관조하는 태도를 제공하는 철학적 기법을 통해 마음에 철갑을 두르고 있어 좌절이나 짜증, 성가심, 분노, 절망, 슬픔, 비통함 같은 감정을 전혀 느끼지 않는다고 흔히 생각한다. 그러나 그들은 나쁜 감정이 나쁜 영향을 미치지 못하도록 하는 데 관심이 있는 것이 아니고, 애당초 그런 감정을 품지 않는 데 목적이 있고, 우리도 그렇게 할 수 있게 돕고 싶어 한다. 이 목적을 위해 그들은 정곡을 찌르는 간단한 질문을 스스로 던져보기를 권한다.

어려움이 닥칠 때마다 스토아 철학자들은 다음과 같이 자문하라고 권한다. "영겁의 세월을 고려하면 이것은 어떤 의미를 지닐까?" "천년 뒤에 이 문제로 신경이나 쓰는 사람이 있을까?" 우리 삶의 드라마가 예기치 못한, 반갑지 않은 전환점에 이를 때마다 우리는 이런 생각을 해야 한다. "이 모든 소동은 상상할 수 없이 거대한 우주라는 맥락에서 보면 한없이 작은, 잠시 머물다가 떠날 고향인 지구 위의 지극히 작은 무대에서 일어나고 있지 않은가? 이 예기치 못한 사소한 문제가 대체 무슨 큰 차이를 빚어낼 수 있다는 말인가?"

이와 관련해 다음과 같이 생각할 수도 있다. "오늘 상황이 안 좋아 보이는가? 잠시 기다려보면 상황이 또 바뀔 것이다." 마르쿠스 아우렐리우스 황제는 이렇게 조언한다.

> 지금 우리 주변에 존재하는 것들과 앞으로 생성될 것들, 이 모든 만물이 태어나서 죽고, 등장했다가 사라지는 속도를 생각해보라. 세상은 쉴 새 없이 흐르는 강물과 같아 만물의 활동은 끊임없이 변하고, 수많은 원인이 다양한 형태로 작용한다. 변함없이 가만히 서 있는 것은 거의 없다. 우리 곁에 있는 것들을 생각해보라. 과거의 심연과 끝없이 펼쳐진 미래의 시간 그 어디에 속한 것이든 결국 모두 사라질 운명이다. 물질 때문에 우쭐대거나 걱정하는 사람 혹은 그런 것 때문에 삶을 비참하게 여기는 사람은 참으로 어리석은 사람이다. 어떤 문제가 되었든 그것은 잠깐일 뿐이다. 사실 그것은 찰나의 시간일 뿐이다.

올바른 관점은 놀라운 기능을 한다. 많은 지도자가 지치고 힘들 때면 "이것도 결국 지나갈 것이다"라는 단순한 신조를 붙들고 견뎌낸다. 달은 차면 기우는 법이다. 우리가 평정심을 유지할 줄 알면 바라던 목표를 이루고 세상에 올바르게 기여할 수 있는 새로운 길이 보이기 마련이다. 우리가 이 세상에 존재하는 것은 특정한 외적 결과를 획득하기 위함이 아니라 내면의 창의력을 최대한 발휘하기 위함이다. 우리가 이 세상에 존재하는 것은 내면의 탁월성을 얻기 위함이며, 내면의 탁월성은 어떤 모습으로든 외부 세계에 자신을 드러낼 방도를 결국 발견할 것이다. 내면의 회복 탄력성을 얻는다고 해서 특정한 외적 결과들을 보장할 수 있는 것은 아니지만, 우리 힘이 미치는 가장 위대한 일을 성취하기에 최적의 조건을 확보하는 것만은 분명하다.

인생의 방해물 극복하기

인생의 진로에서 우리를 이탈하게 만들 위험성이 있는 방해물들에 어떻게 대처해야 할까? 어떻게 하면 우리가 정한 목표를 추구하고 가치를 실현하는 과정에서 일관성을 유지할 수 있을까? 유혹에 심하게 흔들릴 만한 환경에서 또 힘든 시절을 지나면서 우리가 정도를 걸을 수 있게 해주는 것은 무엇일까? 우리가 성공하는 데 가장 유리한 마음의 상태를 유지하게 해주는 내면의 힘과 조화로운 태도를 계발할 최선의 방법은 무엇일까?

많은 스토아 철학자가 인생을 살아가는 데 있어 우리가 일관된 태도를 유지하는 것이 얼마나 중요한지를 인지했다. 우리는 감정과 태도는 물론, 판단과 실천에 있어서도 우리 내면에서 추구하는 신념이나 가치뿐 아니라 타당한 목표와 야망, 꿈과 일치하도록 자신을 다스리며 일관성을 유지해야 한다. 하지만 우리는 도처에서 비일관적으로 행동하는 사람들을 너무나 자주 목격한다. 우리는 자기 자신의 가치와 어긋나는 행동을 한다. 우리는 자기 파괴적이고 자멸적인 행동을 한다. 우리는 시간을 낭비하고, 힘을 허비한다. 왜 그러는 것일까? 비일관성은 우리 삶 속에 어떻게 끼어드는 것일까? 비일관성이 끼어들 틈새는 여기저기 많기 때문에 이 질문에는 여러 가지 답변이 존재한다.

한눈팔기, 게으름, 압력, 유혹, 합리화, 모호함은 우리가 정한 목표와 일치하지 않는 행동을 하게 만드는 원인에 해당한다. 아우렐리우스 황제는 이 가운데 몇 가지를 강조한다. 때로는 아무 생각 없이 행동하고, 또 우리가 정확히 무엇을 하려고 하는지, 왜 그 일을 하려고 하는지 깊이 고려하지 않고 행동하기 때문에 불일치한 행동을 보인다. 어떤 선택을 할 때 아무 생각 없이 행동하는 바람에 생기는 우리의 일관되지 못한 모습에 우리 자신도 놀랄 지경이다.

이따금 우리는 지극히 이기적인 동기들 때문에 고결한 목표를 저버리곤 한다. 아우렐리우스 황제는 이런 이기심과 경솔함의 문제들을 모두 다루었고, 다음과 같이 조언한다.

먼저, 목표를 세우고 일의 전후를 살펴보기 전에는 아무것도 하지 말라. 둘째, 그대의 행동이 사회에 유익한지 항상 확인하라.

사회에 유익한 목표는 다른 사람들의 이익을 진지하게 고려한 것들이고, 이런 목표는 일관되게 지속할 수 있는 것들이라고 아우렐리우스 황제는 생각한다. 반면 이기적인 목표들은 그렇지 못하다. 그리고 이 두 목표를 혼합하면 확실히 불안한 동거가 시작된다.

여기서 간단히 짚고 넘어가야 할 중요한 사실이 하나 있다. 개인의 이익 추구 혹은 자기를 챙기는 일이 곧 이기심과 동일한 것은 아니라는 것이다. 자신의 유익에 대한 건전한 관심과 주의는 넓은 의미에서 사회적 목표나 가치와 상충할 이유가 없다. 그리고 그것이 당신의 행동에 내적인 불일치를 일으킬 이유도 없다.

이기심은 불건전한 배타성을 띠는 자기 이익의 추구로서 정의된다. 다른 사람들의 진정한 필요와 합당한 이익을 무시하며, 얄궂게도 자멸적인 행동으로 이어진다. 우리가 익히 알듯이 "네 이웃을 네 몸과 같이 사랑하라"는 도덕적 조언은 자신을 돌보는 것이 자연스럽고 완벽히 수용할 만한 가치임을 전제하고 있다. 그러나 말 그대로 이기적인 목표를 추구한다면 더 높은 이상과 목표, 또 우리 자신에게 진정한 의미에서 선한 것을 성취하기에는 어울리지 않는 태도를 취하게 된다고 장담할 수 있다.

아우렐리우스 황제는 우리가 하는 모든 행동이 목표를 지향함과 동시에 높은 이상과 사회적 필요를 지지하기를 바란다. 우리는 행복한 사람들과 더불어 살며 일할 때 더 행복하다. 다른 사람들이 필요로 하고 추구하는 올바른 이익을 존중하고 지원하는 활동을 통해 우리 자신도 가장 유익한 경험을 한다. 하지만 때때로 우리는 공동체의 필요와 우리 자신의 필요가 충족하는 방향이 일치하지 않는 상황에 놓이기도 한다. 그런 상황을 포착하면 그것에 대해 어떤 조치를 취해야만 한다.

그렇다면 살아가는 동안 우리가 정도를 걸으며 거기서 벗어나지 않게 해주는 것은 무엇일까? 우리의 조언자 아우렐리우스 황제는 철학 공부를 통해 깨달음을 얻은 한 사람에 대해 언급하면서 다음과 같이 말했다.

> 그 사람은 이 두 가지에 만족한다. 즉, 무슨 일을 하든 올바르게 행동하고, 무슨 상황을 만나든지 자족하는 것이다. 그 사람은 딴전을 벌이며 이것저것 분주하게 추구하는 행위를 버리고 법에 따라 올바른 길을 걷고, 올바른 길을 완주함으로써 신을 따르는 것만을 욕망한다.

딴전을 벌이며 이것저것 분주하게 추구하는 행위를 버리는 것. 이것은 얼마나 어렵고 중요한 일인가. 예나 지금이나 바쁜 사람들에게는 시간 경영이 항상 중요한 문제다. 그리고 잘못된 시간 관리가 일상에서 일관되지 못한 행동을 초래하는 가장 흔한 원인 중 하나라고 주장해도 결코 과장된 말이 아닐 것이다.

"올바른 길을 완주함"으로써 "신을 따르는" 과정에서, 다시 말해 최상위 목표와 비전을 일관되게 추구함으로써 우리가 이 세상에서 성취해야 하는 것을 최대한 이루는 과정에서 가장 중요한 두 가지 미덕은 '자족하는 태도'와 '올바른 실천'이다. 문제에 직면했다고 해서 정도에서 벗어나지 말라. 유혹에 넘어가 곁길로 빠지지 말라. 이것이 어떻게 가능한가? 내면에 평정심을 기르고 정의를 붙들어야 한다. 그것이 우리에게 매우 유익한 외적인 결과를 얻을 수 있는 기반이 된다. 그것이 스토아 철학의 조언이다.

난관에 봉착하면 부정적 감정을 느끼며 동요하고, 이런 감정에 휘둘려 그 반응으로 평소와 다르게 행동하고, 분개하고, 복수를 꾀하고, 부도덕한 길을 택하고, 꼼수를 부리고, 집중력을 잃거나 포기하는 이들이 많다. 마르쿠스 아우렐리우스 황제는 이 같은 상황에서 올바르게 대처하기 위한 간단한 전략을 제시했다. 큰 그림을 보라. 심호흡을 하고, 적절한 관점에서 상황을 살피라. 사건이 일어난 순간 초연하게 대응하고 가능한 한 가장 넓은 맥락 속에서 다시 상황을 설정해보라.

상처를 받으면 안 좋게 반응하는 것은 인지상정이다. 어떤 사람이 해를 끼치거나 모욕을 주면 우리는 분노하고, 그 분노는 점점 커진다. 곧 전에는 하지 않았을 행동이나 말을 하기 시작한다. 분노가 우리를 삼켜버린다. 우리는 분노의 꼭두각시가 된다. 더 이상 자신을 제어하지 못한다. 이것은 우리가 처음 입은 해악이 무엇이었든 간에 우리의 반응으로 인해 상황이 더 악화되었다는 뜻이다. 마치 화살에 맞았는데 그 화살을 뽑아 촉에 독을 바르고는 다시 상처 부위에 찔러 넣어 상황을 악화시킨 것이나 매한가지다. 이렇게 표현해놓고 보면 우리의 반응이 전반적으로 얼마나 비이성적인지 알 수 있다.

아우렐리우스 황제는 이런 일이 발생하기를 바라지 않는다. 만약 누군가 당신에게 명백히 부정적인 영향을 미치는 어떤 짓을 저지른다면 아우렐리우스 황제는, 이 조언을 듣기 전까지는 당신이 곧바로 떠올리기 어려웠을, 여러 가지 가능성을 고려해보기를 바랄 것이다. 이러한 가능성을 순차적으로 고려함으로써 당신은 누군가 저지른 잘못에 대해 느끼는 방식에 변화를 줄 수 있다.

(1) 아마도 그 사람이 일부러 그런 것은 아닐 것이다.

⑵ 당신에게 어떤 결과가 미치는지 모르고 행동했을 것이다.

⑶ 상황이 처음 생각했던 것만큼 나쁘지 않을 수도 있다.

⑷ 장기적으로 보면 손해보다는 이득이다.

⑸ 사람들은 항상 잘못을 저질렀고, 앞으로도 그럴 것이기 때문에 그런 일에 감정적으로 에너지를 소비하는 것은 좋지 않다.

⑹ 지금이야 중대한 문제로 보이겠지만, 우주적 관점에서는 큰 의미가 없는 일이다. 그러니 불쾌하더라도 담담히 극복해야 한다.

아우렐리우스 황제는 '사실, 그것은 별일이 아니다'는 식의 조언을 들려주며 위안과 분별력 있는 대처법을 제공하는 문학에서 높은 자리를 차지해야 마땅한 작가다. 한 가지 예는 그의 태도를 잘 보여준다.

모든 것이 금세 사라져버리고 그저 이야기만 남는다. 그마저도 곧 망각 속에 묻히고 만다.

여기에 "어쨌든 즐겁게 하루를 보내라"라고 (인생을 즐기는 것을 인정하는 말을) 그가 첨언하기를 당신은 바랄지도 모르겠다. 물론, 여기서 핵심은 원치 않는 특정한 사건에 대해 거의 본능처럼 나오는 부정적 반응들을 제어할 수 있도록, 곧 감정적인 반응 때문에 우리 마음이 흐트러지고 (자신의 가치나 목표와) 일관되지 않은 행동을 취하지 않도록 우리를 돕는 것이다.

스토아 철학자들은 우리의 정념이 삶의 질서를 어지럽히는 데 어떤 역할을 하는지 분명하게 인식하고 있으며, 따라서 우리가 감정을 제어할 수 있도록 돕고자 했다. 그 결과, 앞에서도 살펴보았듯이, 때때로 이 실용적인 사상가들은 감정이나 정념이 우리 목표에 기여하는 긍정적인 역할의 중요성을 간과하곤 했다. 하지만 우리가 이미 보았듯이, 그들의 관점이 어느 한쪽으로 전혀 치우지지 않은 완벽한 것은 아니지만 이 훌륭한 철학가들에게서 우리는 여전히 실용적인 지혜를 얻을 수 있다. 그들이 제시한 조언들 중에 가장 통찰력 있는 것들을 찾아서 그 지혜를 균형 있게 삶에 적용하는 것은 전적으로 우리에게 달린 문제다. 비록 아우렐리우스 황제는 다른 스토아 철학자들과 마찬가지로 흔히 인생의 감정적 측면을 불편한 마음으로 바라보았지만, 긍정적인 관점에서 감정에 대해 말한 것도 있다. 우리는 이러한 말들을 간략히 살펴봄으로써 여전히 유익한 교훈을 얻을 수 있다.

은근한 내면의 힘을 키우려면

The Wisdom of
Aurelius

인생을 살며 어떤 일을 성취하는 데 있어 감정의 긍정적 역할 혹은 긍정적 감정의 역할은 마르쿠스 아우렐리우스 황제의 글에서 대체로 소홀한 대접을 받고 있다. 그 역할은 스토아 철학의 삶에 대한 전반적인 견해에서도 저평가 받고 있는 실정이다. 그러니까 아우렐리우스 황제가 우리에게 삶에서 열정을 품을 만한 어떤 것을 찾으라든지, 사랑하는 대상을 좇으라든지, 가능한 한 열정적으로 행동하라든지, 날마다 우리가 하는 일이 얼마나 중요한지를 마음속으로 떠올리고 거기에 감정적으로 몰입하라는 격려의 글을 발견하지는 못할 것이다. 세네카와 에픽테토스와 마찬가지로 그는 부정적 감정이 삶에 끼치는 파괴적 영향을 너무 우려한 나머지 대개 긍정적 감정이 지닌 놀라운 효과를 인정하지 못하는 것 같다.

인류 역사를 살펴보면 위대한 사상가나 현명한 조언자라 해도 또 다른 뛰어난 철학자가 파악한 중요한 측면을 간혹 발견하지 못하거나 이해하지 못하기도 한다. 실제로 통찰력이 매우 뛰어난 사람들도 때때로 편견이나 약점, 습관적인 사고방식이나 감정 때문에 삶의 어떤 측면은 제대로 살피지 못한다. 아우렐리우스 황제는 감정이 우리 삶에서 긍정적인 동기부여 역할을 하는지에 대해서는 침묵하고 있지만, 다른 사람들과 협력하는 문제를 다루면서 그는 긍정적 감정과 관련해 몇 가지 흥미로운 발언을 했다. 먼저 아우렐리우스 황제가 언급한 다소 수수께끼 같은 다음의 구절을 살펴보자.

> 어떤 사람이 무슨 일을 하는지 살필 때마다 습관처럼 "저 사람은 정말로 왜 이 일을 하는 것일까?" 하고 자문해보라. 하지만 그 질문을 그대 자신의 행동에 먼저 적용해 물어보라. 우리 삶을 조종하는 것은 언제나 내면 깊숙이 자리하고 있어 보이지 않는다는 사실을 기억하라. 그대를 조종하는 것은 설득력이다. 생명의 원천이다. 사람의 본질이다.

그리고

> 사람들이 특정한 방식으로 행동하도록 만드는 지배적인 원칙들에 주의를 기울이라. 특히 현명한 사람을 살펴보라. 그들이 무엇을 기피하는지, 또 무엇을 추구하는지 주의 깊게 살펴보라.

내가 그의 말을 이런 식으로 해석하는 것은 다소 왜곡된 측면이 있을지 모르지만, 아우렐리우스 황제는 여기서 사람들이 궁극적으로 어떤 행동을 하게 된 동기의 원천이 내면의 이끌림과 반감, 즉 정확히 말해 감정과 태도의 문제임을 인정하고 있는 듯하다. 하지만 여기에서도 그는 '원칙들'을 언급함으로써 그 문제를 합리적인 이성의 문제로 설명하려고 한다. 마치 모든 동기는 명백한 규칙 혹은 보편적 원칙을 따르는 문제인 것처럼 말이다. 그러나 원칙과 개인 간에 무슨 관계가 있는가? 원칙을 따르는 사람은 그 원칙에 매력을 느껴야만 한다. 혹은 그 원칙이 지지하는 어떤 것에 매력을 느껴서 그 원칙에 따라 행동하고픈 동기를 부여받아야 한다. 이 같은 이끌림의 관계는 정확히 감정적 몰입이다.

그러니까 동기부여에는 (이성과 의지만이 아니라) 감정이 개입하고 있음을 부정할 수 없는 것이다. 사람이 어떤 동기를 느낄 때 그 중심에는 감정이 존재한다. 단적으로 말해, 동기부여가 곧 감정적 몰입이다. 우리가 귀하게 여기는 것은 무엇이든 거기에 감정을 쏟은 것이다.

 스토아 철학자들은 우리가 부정적인 감정 때문에 올바른 경로에서 자주 이탈하며, 심지어 긍정적인 감정 때문에도 이따금 정도에서 벗어난다는 것을 알았다. 에픽테토스와 다른 스토아 철학자들과 마찬가지로 아우렐리우스 황제는 분노와 좌절, 절망, 자포자기의 심정이 확실히 우리를 자멸적인 방식으로 행동하게끔 만든다는 것을 알았다. 그러나 그들은 지극히 긍정적인 감정들도 동일한 결과를 초래할 수 있음을 인지했다. 신이 나서 들뜬 마음이나 심취한 상태, 또 극도의 긴장된 상태를 즐기는 감정도 "당신이 정상적인 상태였다면" 생각지도 않았을 행동들을 저지르게 할 수 있다. 그러니까 우리가 살펴본 대로, 스토아 철학자들은 어떤 감정이든 간에 지나치게 감정에 휘둘리는 상태에서 우리를 해방시키는 데 도움을 주고자 한다. 그들은 감정이 매우 강력한 영향을 미치기 때문에 우리가 일정한 거리를 유지하는 것이 최선이라고 생각하는 듯하다. 하지만 당신을 쓰러뜨릴 수 있는 파도라도 적절한 장비와 기술을 갖추고, 올바른 방향으로 균형을 유지하면 그 파도를 타며 즐길 수도 있다.

 나쁜 영향을 미칠 잠재성이 큰 것은 그만큼 좋은 영향을 미칠 잠재성이 크다. 혹은 어쨌든지 그만큼 잠재성이 큰 것이다. 만약 감정 때문에 한 사람이 망가질 수 있다면, 감정을 잘 다스리면 도리어 힘을 얻을 수도 있다. 즉, 긍정적으로 크게 성공하는 데 필요한 인내심과 추진력을 얻을 수도 있다. 아우렐리우스 황제도 인정하듯이, 그것이 내면의 힘이며 진정한 활력을 불어넣는 우리 안의 숨은 설득자인 것이다. 그리고 이 숨은 설득자란 다름 아닌 우리를 몰입하게 만드는 감정일 따름이다. 이것 없이는 우리가 지닌 본래의 역량을 온전히 다 발휘하며 번영할 수 없다.

불안감을 형성하는 감정을 지극히 경계하는 아우렐리우스 황제 같은 스토아 철학자라도 결국 이런 점은 인정할 것이다. 긍정적인 행동을 유도하는 감정적 몰입은 스토아 철학자들이 매우 경계하며 기피하려고 하는 갑작스럽고 격동적이며 일시적인 감정과는 근본적으로 다르다. 그런 감정은 신념 혹은 고양된 확신에 더 가깝다. 그것은 좋은 목표에 봉사하는 긍정적 에너지다. 이런 에너지에 무슨 나쁜 것이 있을 수 있는가?

모두가 쉽고 편한 길을 가는 듯 보일 때

고대 철학자들은 성공한 인생의 본질이 무엇인지 깊이 또 자주 관찰했기에 우리가 하는 모든 일에서 선한 인격이 비할 데 없이 중요하다는 사실을 깨달았다. 도덕적으로 선한 인격이나 고결함을 지녔다고 반드시 특정한 상황에서 원하는 외적 결과를 획득하게 된다는 보장은 없지만, 이는 궁극적으로 우리가 이 세상에 강력한 영향을 미칠 수 있는 기반이 된다.

마음속으로는 선한 인격에 끌리면서도, 눈앞에 보이는 일시적인 이득에 넘어가 마땅히 따라야 하는 선한 명령을 외면하고 그 실행을 뒤로 미루는 사람들이 있다. 그들은 "고결한 일은 어느 때고 수행할 수 있지만, 이번 기회는 지금 반드시 붙잡아야 한다"고 자신을 합리화한다. 이 말은 "지금 이 사람을 이용하지 못하면 내가 원하는 것을 얻지 못할 거야"라는 말과도 같은 뜻이다.

분명 윤리적으로 긴급하고 중요한 일이 우리 양심을 찌르고 실행을 촉구하지만 그 일을 손쉽게 보류하는 모습을 살면서 자주 목격한다. 특히 주변 사람들 모두가 쉽고 편한 길을 즐거워하며 달려가는 듯이 보일 때 좁은 길을 똑바로 걷기란 여간 힘든 일이 아니다. 마르쿠스 아우렐리우스 황제는 그만의 어법으로 직언을 내뱉는다. 그는 우리에게 이렇게 훈계한다.

> 천년만년 살 것처럼 행동하지 말라. 지금 이 순간에도 죽음이 그대 머리 위에 머물고 있다. 살아 있는 동안의 삶은 그대 하기에 달려 있으니 선하게 살라.

다른 일들은 천천히 해도 된다. 하지만 선한 일은 그렇지 않다. 아우렐리우스 황제는 이 원칙을 따른다.

> 사람은 주변 사람이 하는 말이나 행동, 생각에 개의치 않고, 오직 자신의 행동이 올바르고 순수한지를 살필 때 수많은 곤란에서 벗어난다. 아가톤[Agathon]이 권하고 있듯, 도덕적으로 타락한

사람의 행위에 현혹되지 말고, 그저 그대의 목표를 향해 정도에
서 벗어남 없이 정진하라.

우리는 올바른 삶의 방향을 가리키는 내면의 나침반을 마련해
야 한다. 무엇이 옳은지에 대해 자신만의 감각이 필요하고, 자기
와 다른 가치관을 추종하는 주변 사람들의 행동 때문에 한눈파
는 일이 있어서는 안 된다. 우리가 올바른 가치관을 지니고, 자기
자신에게 진실하면, 어떤 결정을 내려야 할 때 가장 마땅한 결정
을 내릴 수 있을 것이라고 아우렐리우스 황제는 확신한다. 우리
는 매사에 정도를 걸어야 한다. 그렇게 하려면 도덕적으로 고결
함에 헌신하지 않는 주변 사람들이 자기를 타락시킬 수 있는 가
능성으로부터 자신을 지키고, 내면의 힘을 키워야 한다.

우리는 무슨 일을 하든 선하고 윤리적인 태도를 취해야 한다.
덧붙여, 모든 일을 자신의 힘으로 처리하되 자기와 똑같은 마음
으로 선의 요구를 따를 준비가 되어 있지 않은 사람들과는 함께
일하지도, 의지하지도, 어울리지도 않는 편이 좋다. 내 오랜 친구
중에는 "나쁜 사람하고는 좋은 거래를 할 수 없다"고 입버릇처럼
말하는 이가 있다. 아무리 좋은 거래처럼 보여도 그게 나쁜 사람
과의 거래라면 결국 끝이 안 좋을 것이라고 확신해도 좋다.

아우렐리우스 황제는 비윤리적인 사람을 일컬어 '자기 얼굴을

찢는' 사람이라고 묘사한 적이 있다. 도덕적으로 수용하기 어려운 이기적인 행위를 함으로써 이 사람은 스스로를 파괴하고, 정죄한다는 뜻이다. 비도덕적인 행위는 결국 자기 파괴적인 결말을 초래한다. 우리가 선한 길, 옳은 길에서 벗어나면 이 세상에서 성취하고 싶은 자신의 목표와 그 일을 스스로 해치는 꼴이 된다. 또한, 나쁜 인격을 지닌 사람들과 함께 일하거나 그들과 관계를 맺는 것만으로도 심각한 문제를 자초할 수 있다는 사실을 알아야 한다.

나쁜 사람과도 얼마든지 어울릴 수 있고, 함께 일할 수 있으며, 그 사람의 잘못으로 인한 피해가 혹시 생겨도 자신이 제어할 수 있다고 생각한다면 이는 어리석은 짓이다. 아우렐리우스 황제는 이렇게 조언한다.

> 나쁜 사람이 잘못을 저지르지 않기를 기대하는 것은 무화과나무가 열매를 맺지 않고, 아기가 울지 않고, 말이 콧소리를 내지 않고 가만히 있기를 기대하는 것과 같다. 이는 당연히 생길 일이 생기지 않기를 바라는 것이다.

그는 또 이렇게 덧붙인다.

옳은 일이 아니라면 하지 말라. 사실이 아니라면 말하지 말라.

특히 일터에서 만큼은 무자비한 사람이라도 동료로서 좋다고 여기는 이들이 많다. 그러니까 일에 방해가 되는 외부인에게 얼마든지 폭언을 날릴 수 있고, 자기 사람들이 원하는 결과를 얻기 위해서라면 외부인에게 거의 무슨 짓이든 할 수 있는 사람이라도 상관없다는 것이다. 하지만 아우렐리우스 황제는 거듭 강조한다.

나쁜 사람이 잘못을 저지르지 않기를 바라는 것은 미친 짓이다. 이런 식으로 생각하는 사람은 불가능한 일을 바라고 있다. 그들이 다른 사람에게는 나쁘게 행동해도 자신에게는 다르게 행동하기를 기대하는 것은 비합리적이며 오만한 생각이다.

우리가 바라는 성공이 진실하고 고결한 것이며, 반짝하고 끝나는 성공이 아니라 내 영혼이 진심으로 자랑스러워할 만한 성취라면, 함께 일하는 사람에게도 도덕적으로 수준 높은 행동을 요구해야 한다. 이는 곧 우리 자신에게도 그만한 행동을 요구해야만 한다는 말이다. 우리는 스스로 실천하지 않는 것들을 동료에게 설교해서는 안 된다. 아우렐리우스 황제의 말을 들어보자.

자신이 먼저 규칙을 따르는 법을 배우지 않는 한 독서와 작문 규칙을 가르칠 수 없다. 삶도 이와 마찬가지다.

위선자의 말을 들으려 할 사람은 아무도 없다. 헤엄을 못 치는 사람이 남에게 헤엄을 치는 법을 가르칠 수는 없는 노릇이다.

그러면 우리는 도덕적으로 수준 높은 태도를 어떻게 유지해야 할까? 아우렐리우스 황제는 동료 스토아 철학자들과 의견을 같이한다. 우리에게는 규범이 필요하고, 그 규범을 따르려는 굳건한 의지도 필요하지만, 윤리적으로 성공한 삶을 살려면 본보기가 되는 훌륭한 인물을 상상할 필요가 있다고 아우렐리우스 황제는 얘기한다. 그의 말을 들어보자.

에페소스 사람들의 글에 이런 조언이 있다. 과거 덕망이 높았던 사람의 모습을 항상 유념하라.

이 도덕적 금언은 가장 오래된 인류의 지혜 가운데 하나이며, 그 효과가 가장 강력한 조언 중에 하나다. 최근에 내가 만난 한 기업 회장도 모든 동료에게 역사적으로 저명한 인물이나 자신이 흠모하는 정신적 스승 두어 명의 모습을 항상 머릿속에 담아두고, 도덕적으로나 윤리적으로 어려운 상황에 직면했을 때 그 인물이라면 어떻게 행동했을지 자문해볼 것을 권한다고 했다. 예로부터 인간은 자신이 바라보는 사람들을 따라 하고 닮아가는 습성이 있다. 따라서 우리는 가장 흠모하는 사람들만을 바라봐야 한다. 아우렐리우스 황제 등의 스토아 철학자들은 선조들의 이런 통찰에 공감하며 우리에게도 같은 조언을 남겼다.

아우렐리우스 황제는 도덕적으로 높은 수준을 유지하는 삶의 자세가 지속적인 성공을 얻는 최선의 길임을 알고 있었다. 선은 중요한 미덕이기 때문에 도덕적으로 생활하는 것은 우리가 미룰 수 없는 긴급하고 중요한 과제다. 우리 양심이 인지하고 있으며, 윤리적으로 올바른 길임을 알면서도 거기에서 벗어나는 행위를 하는 것은 '자기 얼굴을 찢는' 행위이며, 주변 사람들에게 자신의 인상을 심각하게 일그러뜨리는 행위다. 또한 그러지 않았더라면 우리가 장기적으로 세상에 끼칠 수 있었던 선한 효과를 훼손하는 행위이기도 하다. 아우렐리우스 황제가 알고 있었듯이, 제국의 모든 부와 세계를 아우르는 명성, 비할 데 없는 막강한 권력이 있다 해도 선한 삶이 지닌 위대한 가치와 그 지속적인 영향력에는 전혀 보탬이 되지 않는다.

1천 년 전부터 전해진 이 메시지를 대다수 사람은 힘든 경험을 거치며 다시 배워야만 한다. 어떤 힘든 경로를 거치더라도 우리가 이 메시지를 깨닫게 되면, 그 깨달음은 우리 삶을 송두리째 바꾸어놓을 것이다. 도덕적인 고결함을 자신과 세상에 요구하는 사람은 내적 평안과 깊은 충족감, 그리고 세상에 길이 빛나는 업적을 성취할 수 있는 문을 열 수 있다.

행복한 삶을 사는 데 필요한 조건

The Wisdom of
Aurelius

인생을 즐기는 주제와 관련해서 마르쿠스 아우렐리우스 황제가 직접적으로 조언한 내용은 많지 않다. 이미 여러 차례 살펴보았듯이 스토아 철학자들은 대체로 긍정적 감정에 내해 말을 이끼고 신중한 태도를 보였기 때문이다. 하지만 그의 명상록 전반에 걸쳐 이 주제와 관련해 무척 흥미로운 점이 눈에 띈다. 아우렐리우스 황제 등 스토아학파 철학자들이 제시한 그들만의 독특한 사유, 예컨대 인생의 덧없는 속성이나 지금 이 순간에도 언제든 죽을 수 있다는 가능성, 우주적 관점에서 바라보면 인간이란 지극히 미미한 존재라는 부정적 상황을 수시로 상기하도록 하는 심리적 기법이 희한하게도 우리가 현재의 일상을 평화롭게 즐기도록 도와주는 철학적 기법으로 보인다는 점이다.

스토아 철학자들은 우리에게 항상 평정심을 유지하고, 매사에 짜증내지 말라고 조언한다. 그들은 우리 마음을 심란하게 흔들 수 있는 것이라면 무엇이든 제거할 수 있도록 도움을 주고 싶어 했다. 그들은 물론 우리가 기억해야 할 중요한 원칙과 적절한 태도를 처방했으며, 이 처방전을 적절히 사용하면 아무리 어려운 상황에 직면하더라도 일상의 생활과 노동에서 즐거움을 누릴 수 있다.

솔직히 말해, 나는 삶이 허락하는 한 축제에 참여하듯 삶을 즐겨야 한다고 믿는 쪽이다. 내게 있어 인생은 때로는 사육제謝肉祭, 때로는 파티, 때로는 무도회로 나뉘는 축제다. 아우렐리우스 황제는 이와는 매우 다른 관점에서 인생을 바라본다. 그가 보는 인생은 여러모로 시합에 가깝다. 그는 한 구절에서 적절한 비유를 들어 이렇게 설명한다.

> 삶의 기술은 어떤 면에서 춤보다는 씨름에 더 가깝다. 우리는 두 발로 굳게 버티고 서서 갑자기 날아올 예상 못한 공격에 대비해야 한다.

모든 스토아 철학자는 인생에서 갑자기 발생할 수 있는 불쾌한 사건에 잘 대처하는 법을 가르쳐 주고 싶어 했다. 그런 사건들 때문에 우리가 이성을 잃기를 원하지 않았다. 세상을 살면서 어떤 두려움과 불안감, 충격을 겪더라도 내면의 회복 탄력성과 평정심을 유지할 수 있도록 예기치 못한 방해물에 우리가 충분히 대비하기를 바랐다.

아우렐리우스 황제 자신도 세상에서 무슨 일이 일어나든 평정심을 갖고 대면할 수 있기를 바랐다. 그러나 한 대목에서 그는 좀 더 적극적으로 감정을 표현하며 '즐거운 마음'으로 세상을 바라보고 싶다는 말을 했다. 이 '즐거운 마음'이라는 표현은 흔히 우리가 스토아 철학자의 입에서 듣게 되리라고 예상하는 말은 아니다. 그는 이렇게 말한다.

> 사람마다 즐거움을 느끼는 대상이 다르다. 나는 마음의 동요 없이 명징한 정신을 유지하면서 다른 사람을 무시하지 않고 혹은 그 사람에게 일어난 일을 무시하지 않고, 모든 이를 측은히 여기며, 만물을 그것이 지닌 진짜 가치에 맞게 이용하는 것에서 즐거움을 느낀다.

아우렐리우스 황제는 세상의 문제로부터 절대 눈을 돌릴 생

각이 없다. 인생에서 무슨 일이 벌어지든 모든 요소를 살필 수 있
는 넓은 관점에서 이를 직시하고, 오로지 자신이 진정으로 제어
할 수 있는 것, 즉 그의 내면의 태도와 의지에 주의를 집중하고 이
를 올바르게 다스림으로써 자기 즐거움을 찾았다. 그는 이것이
면 충분하다고 생각했다.

아우렐리우스 황제는 우리에게 이렇게 조언한다.

> 항상 이 사실을 유념하라. 행복한 삶을 사는 데 필요한 조건은
> 극히 적다.

아우렐리우스 황제는 한 대목에서 자신의 사유를 아래와 같이
간추렸다.

> 만약 그대가 정말로 그대 자신에게 속한 삶 — 지금 이 순간 — 을
> 사는 데 집중한다면, 그대는 나머지 삶 동안 불안한 마음에서
> 벗어나 자신의 영혼, 곧 그대 안에 있는 신과 평화롭게 조화를
> 이루며, 고결하게 살아갈 수 있을 것이다.

그의 메시지는 단순하다. 지금 이 순간을 온전히 받아들이라.
이 순간이야말로 당신의 진짜 삶이 존재하는 곳이고, 또 평온함

과 즐거움을 찾을 수 있는 유일한 곳이기 때문이다. 순간에 집중할 때 당신은 "그대 안에 있는 신"과 온전히 사귈 수 있고, 당신 안에 있는 그 영혼의 불꽃이 꿈을 실현할 수 있도록 당신을 이끌어 줄 것이다.

부정적인 감정에 휘둘리는 상태에서는 해방되어야겠지만 긍정적인 감정 일체를 기피할 필요는 없다. 재미를 느껴도 좋다는 말이다. 인생을 살아가는 동안 순간순간 그 여정을 음미하라.

고대인들은 흔히 '너 자신을 알라'고 조언했다. 나는 세 명의 스토아 철학자가 우리에게 건넨 조언에 덧붙여 한 단계 더 나아가 '삶을 즐겨라!'라고 말하고 싶다. 거기에 '지금 당장!'이란 말도 보태고 싶다. 우리가 통제할 수 있는 의지에 주의를 집중하며 우리 본성과 일치한 모습을 유지하고, 장기적 관점에서 자신에게 타당한 목표를 성취하려는 노력도 중요하지만, 그에 못지않게 삶을 즐기는 자세도 중요하다.

이 스토아 철학자들은 우리에게 무척이나 유용한 조언을 들려주었다. 그들은 우리가 내면의 회복 탄력성과 힘을 기르고, 긍정적인 일을 성취하는 삶을 사는 데 필요한 내면의 기초를 세우는 강력한 방법을 제안했다. 이들의 조언을 가슴에 모두 새기는 것도 좋지만, 때로 우리는 자신만의 통찰을 거기에 더할 줄도 알아야 한다.

삶은 행위예술이다. 자신의 본성에 맞는 꿈을 제대로 실현하는 것은 그 자체로 예술이다. 우리는 모두 살아가는 동안 무언가를 배우고 창작하는 예술가로 태어났다. 세 명의 위대한 스토아 철학자가 제시한 독특한 관점은 그것을 몰랐다면 붙잡기 어려웠을 내면의 행복을 경험하고, 이 세상에서 자신의 길을 개척하고, 자신에 맞는 합당한 성공을 즐기는 데 도움을 준다.

이 고대 철학자들이 제공한 지혜를 토대로 우리는 보다 강하게, 보다 효과적으로, 보다 자신 있게 미래를 향해 전진할 수 있을 것이다. 우리가 왜 이보다 못한 현재의 삶에 만족해야 하는가?

철학은 우리 인격을 형성하고 기른다.
그리고 우리에게 삶의 방향을 제시한다.
날마다 벌어지는 수많은 일을 해결하려면
조언이 필요하고, 우리는 이 조언들을
철학에서 찾아야 한다.

즉, 철학이 있는 사람만이
두려움 없이 인생을 살아갈 수 있다.

철학이 삶을 구할 수 있다면

초판 1쇄 2013년 12월 2일

지은이 | 톰 모리스
옮긴이 | 이주만

발행인 | 김우석
제작총괄 | 손장환
편집장 | 문준식
책임편집 | 김영혜
디자인 | 권오경
조판 | 김미연
교정교열 | 전경서
제작지원 | 김훈일 박자윤
마케팅 | 김동현 김용호 이진규 이효정
저작권 | 안수진

펴낸 곳 | 중앙북스(주)
등록 | 2007년 2월 13일 제2-4561호
주소 | (121-904) 서울시 마포구 상암동 1651번지 상암DMCC빌딩 20층
구입문의 | 1588-0950
내용문의 | (02) 2031-1351
팩스 | (02) 2031-1398
홈페이지 | www.joongangbooks.co.kr
페이스북 | www.facebook.com/hellojbooks

ISBN 978-89-278-0503-8 13320

값 13,800원